U0904734

颜庄村

山东村落田野研究丛书

张士闪 李松 总主编
郭凌燕 著

山东大学出版社

总序

编纂一套山东村落田野调查方面的丛书，立意甚早。20多年来，以山东大学为核心的山东民俗学团队，每年都会安排多次村落田野调查活动，许多博士、硕士学位论文也以村落为田野点，注重对田野材料的挖掘与分析，紧贴乡土作实证研究，迄今竟有百村之数。学术论文的阅读群终归有限，将这些辛苦得来的第一手田野资料，以写实的手法呈现出一个个真实的村落世界，向社会提供一份可信的国情资料，一直是我们共同的心愿。

2016年夏，山东大学民俗学研究所与山东大学出版社共同策划、申报“山东村落田野研究”选题，并于2017年春被列入国家出版基金规划资助项目，夙愿终偿。我们从以山东村落为田野点的博士、硕士学位论文中遴选出20种，邀约作者遵循“深描村落生活，凸显村民主体，梳理乡土文脉，展现国情底色”的原则，进行改写或重写。为使这一原则不致落空，我们课题组密集举办三次小型研讨活动，达成如下共识：

首先，小中见大，述而见议。这套丛书所选村落虽然都在山东，但学术视野并不自我设限，讲究以小见大，寓学理于讲述之中，助推对于中国社会的深入理解。这需要作者秉持综合、开阔的学术眼光，既关注村落的历史脉络，涵括其驳杂的历史动态，又聚焦当今村民主体话语，反映村落的社会现实和未来走向。

其次，关注传承，着眼动态。在乡土社会发生剧变的当下，我们理应重新观察和思考作为人类最基本的生活共同体的村落，关注其自治传统的传承及组织机制，得出符合其自身历史实际和内在逻辑的阐释。村落描述，不应该成为乡村琐事的拼盘，也不是对于一个个村落凝固幻象的编织，甚至也

不应满足于立此存照式的一幅幅风俗画。我们深信，就在众多村落所呈现的异同之间，蕴含着中国基层社会的真正奥秘。

再次，村民本位，日常视角。坚持村落民俗志描述中的村民本位，摆脱那种将文人的文字传统视为“唯一性知识”的旧习，将村民日常使用更广泛的口述、物象、仪式等知识形式，放在至少是与文字同等的位置。我们深知，白纸黑字所代表的文字表达传统，仅仅是占社会总体人数很少的文人阶层所推重的一种特殊知识形式，而远非人类知识之全部。在乡村社会中尤其如此。将村落的历史、当下与未来贯穿起来的村民，在“过日子”中凝结而成的丰富知识形式，理应在村落民俗志中显现光彩。我们期望这套丛书出版后，不仅供学者研究、都市人阅读，还有村民愿看，甚至成为村落典藏。让乡土知识真正实现“从民众中来，到民众中去”，是我们最大的心愿。

新世纪以来，随着以全球化、都市化为特征的现代生活的迅速普及，乡土民俗的连续性、系统性、整体性已严重受损，曾作为中国社会主体的乡土村落正经历巨变。但无论如何，村落依然是中国传统文化的重要承载地，农民是绝不可轻忽的文化传承主体。当代学者的一项重要使命就是关注村落，将村落中的人、事、文化传统与生活现状等视为一个整体，通过深描村落社会运行的逻辑，阐释村民的生活世界及其赋予生活的意义之所在，并在此基础上对其组织形态、机制及变迁予以描述与推导，这对于理解中国乡村文化传承乃至整个中国社会大有裨益。我们深知：梳理中国村落的历史来路，叩问其从何而来；展示由形形色色民俗事象所构成的村落人文世界，理解现状与内在脉络；观察村落在现代化进程中的遭遇与新创，关注其向何处去——这应该成为村落研究介入当代中国社会发展、彰显乡村文化茁壮活力的基本向度。

一、中国村落研究传统

生于乡土，终老乡土，曾在漫长岁月中被绝大多数国民视若天经地义，这一社会事实本身即足以显示村落的意义。我们相信，“在村落中研究”（格尔兹语）的学术实践，在当今“世界史”“全球史”风起云涌之际，不仅没有过时，而且不可或缺。毕竟，无论是重述“亚洲”，还是重述“世界”，我们仍要以乡土中国为立足点。

传统意义上的村落，自有其历史渊源与发育过程。村落社会的组织与运行，离不开稳定的民俗传统的传承。民俗传统既具有群体规约性质，又能为民众提供身份认同与人生意义，因而蕴含生机，常在常新。村落之为“问题”，乃是 19 世纪末 20 世纪初，一批知识分子基于晚清社会之变局“眼光向下”的产物：一方面，受西方入侵影响，新的生产方式与经济结构已日益内嵌于中国基层社会，传统时代城乡互动的社会运行模式被打破，作为中国乡土社会基本单元的村落日渐萎缩，成为当时中国社会整体发展失衡状况的表征之一；另一方面，以“西学东渐”为背景而形成的革命性、现代性强势话语，逐渐渗入乡土社会，持续改写着村落发展的内在逻辑，造成了民间自治传统的失衡或断裂。[①] 以此为背景，乡土社会成为当时知识精英普遍关注与“拯救”的对象，村落则成为中国现代学术研究的重要单元。

诚然，学术活动不能没有研究单元的设计。20 世纪上半叶，以费孝通、林耀华等为代表的中国学者，就注意选择村落或村寨为研究单元，并在其学术生涯中长期坚持，认为村落既是便利研究者做全面了解的较小的社会单位，又是反映人们社会生活的比较完整的切片。[②] 其中奥秘，恰如英国人类学家布朗所强调的，对于一个村庄进行细致入微的研究的意义在于——既要看到村落社区生活的某一个方面在整体的社会生活中的功能，也要看到这个村落本身的组成结构。[③] 钟敬文在 1983 年中国民俗学会成立的讲话中，将“搞民俗学当然着重在广大农村”当作不言而喻的前提[④]，后又在不同场合多次表述，获得了国内民俗学界的广泛响应，乃至成为经典范式。20 世纪 90 年代初，刘铁梁从民俗传承生活空间的角度，论述了村落作为基本研究

---

① 参见张士闪：《“顺水推舟”：当代中国新型城镇化建设不应忘却乡土本位》，载《民俗研究》2014 年第 1 期。

② 参见费孝通：《江村经济——中国农民的生活》，商务印书馆 2001 年版，第 24 页。

③ 转引自赵旭东：《权力与公正——乡土社会的纠纷解决与权威多元》，天津古籍出版社 2003 年版，第 10 页。

④ 参见钟敬文：《民俗学的历史问题和今后的工作》，载《钟敬文自选集》，首都师范大学出版社 2008 年版，第 409 页。

单位的意义，明确了村落研究在民俗学学科中的理论地位。[①] 时至今日，以村落为单元进行研究的学者仍为数众多，跨越民俗学、人类学、社会学、历史学、民族学、艺术学等学科。诚然，在国土广袤的中国，无论从事怎样的课题研究，从相对自成体系而又较小的村落生活共同体入手，自有其合理性，而且有望产生深厚的学术理论意义。更何况，村落研究还被赋予认知历史、立足当下、面向未来的重要使命。村落形态尽管一直处于或微或巨的变化之中，但它所塑造的文化模式与传统，在可预见的未来中国仍具重要价值，乃是不争的事实。

但与此同时，对于以村落为研究单元的批评一直不绝于耳。美国学者施坚雅的批评可谓尖锐："研究中国社会的人类学著作，由于几乎把注意力完全集中于村庄，除了很少的例外，都歪曲了农村社会结构的实际。如果可以说农民是生活在一个自给自足的社会中，那么这个社会不是村庄而是基层市场社区。"[②]在施坚雅的"市场圈"理论之后，又陆续出现了祭祀圈、婚姻圈、联村组织等研究范式，对村落研究模式予以拓展，努力将村落单元置于更大范围的区域社会脉络中予以理解。毕竟，村落社会并非村民的简单集合，村民生活也并非只与村落有关。自古及今，村民与村外世界联系的普遍性是无可置疑的。[③]

围绕村落作为研究单元的种种争论，有相当多的误解在内。比如：对于村落生活共同体的基本理解，是被动、静态，还是动态、开放？争论双方其实是基于不同的预设。村落研究，如果将村落理解为动态、开放的社区，就应该成为从村落出发的研究，以小见大地拓展个案研究的价值，而那种从较大区域展开的研究，如果将村落理解为被动、静态的社区，也不见得就一定贴

---

① 参见刘铁梁：《村落——民俗传承的生活空间》，载《北京师范大学学报（社会科学版）》1996 年第 6 期。最近，他对此作了更明确的表述："村落被民俗学者视为田野调查的最佳场域，也是最基本的空间单位……民俗学把村落作为一个整体的小社会进行观察和分析。在村落中观察到的民俗文化事象，具有时空的限制意义。"（刘铁梁：《"深描"中国村落文化变迁》，载 2017 年 7 月 10 日《中国社会科学报》）

② ［美］施坚雅(G. William Skinner)：《中国农村的市场和社会结构》，史建云、徐秀丽译，中国社会科学出版社 1998 年版，第 40 页。

③ 即使在前现代化时期，村落本身也不可能像老子所说的"鸡犬之声相闻，民至老死不相往来"，如多村共用一庙、信仰仪式的村落轮值等。当代学界热衷于以"古村落""传统村落"等为研究对象，频繁使用"原生态""原汁原味""本真性"等概念，其实都是以将封闭自足视作村落的"典型"状态为预设的。

近了“农村社会结构的实际”。其中的关键，是对于乡村社区与村民主体之间互动关系的理解，而不在于所选择的研究单元的大与小。即便是规模不大的村落，毕竟也是民众多种力量共存的、活态的生活共同体。其实，在中国乡土社会研究中，真正让人遗憾的是对于村民主体性的轻忽或漠视，这是在上述研究模式中一直未能得到根本改变的死角。

二、村落研究，应聚焦民众主体

绝大多数的村落研究，往往将民众的文化笼统地归于“民俗”，似乎民众的文化生命是以“民俗传承”来丈量或维系的。厘清民众与民俗的关系，将有助于拨开笼罩在村落研究中的多重迷雾。民俗，究竟是民众自发的文化创造，还是基于“一二人倡之，千百人和之”的精英引领，抑或不过是国家大一统进程中“礼化为俗”的结果？细究之，上述三种观点虽都不免以偏概全，却也都道出了民俗的某一要义。若将三者统观，庶有助于对“民俗”乃至村落的理解。

首先，民俗的本质是民众主体的文化创造，自无可置疑。民俗传统，即民众在长期生活实践中，以约定俗成的方式促使某种价值规范发生从世俗到超验的升华过程。值得注意的是，这一升华过程绝不是一朝一夕所能成就，也并非一成不变，而是在民众生活共同体内部始终蕴含着多变的可能，呈现出活态性质。同时，再有力的国家行政运作，也无法随意篡改民俗传统或改变村落社会的民众主体性质。近年来对于当代村落的近距离观察，使我们更加确信：在当下新型城镇化的浪潮中，民俗传统不仅没有遁隐，而且变得更富弹性与多元。时至今日，某些村落的发展轨迹时显诡异，其“突然终结”与“奇迹再生”之现象让人大感迷惑。究其实，民众力量在社会剧变中的屈抑与释放当是理解这一现象的重要维度。

其次，自古以来，民俗的形成与发展均离不开知识精英的引领作用。我们在田野作业中发现，很多民俗传统一开始是作为事件应激之文化反应而出现的，如村落形成之初的生存所需、灾乱年头的秩序维持、太平时期的发展机遇捕捉等。这种因应激而形成的文化反应，不会随着事件的完结而迅即消失，而是沉淀、扩散到地方生活中，形成社会经验，此后又会在后发的事

件应激中被运用，最终磨合成一种社会行为模式。在应激事件、应激性文化反应与社会行为模式的互动过程中，离不开少数文化精英的有意识运作，并最终使之沉淀为乡土民俗。恰如“民俗”之作为现代学术概念，也是伴随着现代城市化的发展进程而为知识精英所发明并设置意义的。正像铃木正崇所说：“直到近代，‘民俗’与‘传统’在消灭和生成的间隙中得以发现。”[①]不过，少数知识精英的引领作用，从来是与其“适于时而合于势”的行为选择密切相关的。兹以地方志书中的灾荒记录为例予以简单说明。地方志书中总是凸显地方精英的非凡作用，比如为减税急赈而为民请命、订约立碑以控制社会秩序等，而将一方民众作为背景因素，至多以“民不聊生”“饥民四起”等语大略言之。这显然并非社会事实。实际上，精英的行为往往是受地方社会情势所激，其对于当时国家政治态势的估测，与对于地方民众心理的揣度，为其行为选择提供了关键性依据。但作为地方社会情势重要构成因素的民众，却在地方志书中被大大忽视了。

再次，中国很早以来就已形成所谓的“礼俗社会”，传统中国作为一个复杂社会系统，在民间生活与国家政治之间有着复杂而深厚的同生共存关系。纵观一部中华文明传承发展史，国家意识形态经常借助对民俗活动的渗透而在乡村生活中贯彻落实，形成“礼”向“俗”落实、“俗”又涵养“礼”的礼俗互动的政治框架。礼俗互动，既包括民众向国家寻求文化认同并阐释自身生活，也体现为国家向民众提供认同符号与归属路径。换言之，借助民俗文化的生机跃动，民间社会始终发挥着对于主流文化的葆育能力。以此为基础，在中国社会悠久历史进程中的“礼俗互动”，就起到了维系“国家大一统”与地方社会发展之间平衡的作用。[②] 国家政治与民间自治之间的互动关系，不仅形塑着社会组织的基本形式，也由此产生了社会生活层面的文化交织现象：“国家对村落的政治干预与民间自治之间有长期互动的历史，结果是形成了今天（家族村落）聚落联合体的基本组织形式。”[③]以此理解中国大地上的众多村落，庶有较通观的眼光。

---

① ［日］铃木正崇：《日本民俗学的现状与课题》，赵晖译，载王晓葵、何彬编：《现代日本民俗学的理论与方法》，学苑出版社 2010 年版，第 3 页。

② 参见张士闪：《礼俗互动与中国社会研究》，载《民俗研究》2016 年第 6 期。

③ 刘铁梁：《传统乡村社会中家庭的权益与地位——黄浦江沿岸村落民俗的调查》，载《北京师范大学学报（社会科学版）》2001 年第 6 期。

三、村民口述的意义

走进村落，不仅要关注“民生”，而且要体察“民心”，感受民众生活史与心态史的双重意义。面对民众的生活与文化，传统的学术工具似乎不那么灵光了。

比如，我们在村落调查中，经常有各种各样的困惑。为什么历史上的某一事件，会频繁地被村民表述，还被表述者加上了许多的发明和创造？不仅如此，看起来离“真相”越来越远的表述，反倒经常成为后人的话题中心，并在现世生活的裹挟下发生效用，而事件本身（即所谓“真相”）倒不见得重要了。还有，为什么是历史上的这一事件而不是另一事件，频繁地被这一地方而不是另一地方的人不断关注，并“折腾”出了这样的而不是别样的传统？有果必有因，有事必有人，民间自有其文化选择与传承的机制——没有关注，就不会有表述；没有关注和表述，就不会有传统的发明和创造。

显然，前者关注的是一种文化传承的线性历史，后者则关注其内在结构逻辑，耶鲁大学教授萧凤霞试图以“结构过程”[①]涵括二者。要想真正地解惑答疑，就必须在具体的区域社会空间中将二者结合起来，关注某一传统从过去到现在的建构过程与多元指向，并特别聚焦其主体表述。这一研究模式的策略是，一种传统在不同时代留下的表述有或微或巨之别，而就在种种表述的同异之中，蕴含着区域社会发展的历史脉络与内在逻辑。因此，我们的工作首先是挖掘各种表述，然后在各种表述之间寻找关联，总结民间叙事的特征，并在此基础上还原“社会事实”，建构逻辑关系。鉴于历史上官方、知识精英与民众的互动情形驳杂不一，我们今天所见的“传统”基本上都已经历过无数次改写，只是我们难以知情罢了，因此必须保持足够的警觉。这也意味着，我们在关注传统的线性历史脉络的同时，要特别关注地方社会中人的创造能力及创造逻辑。

用这样的眼光看，民间口述材料中所谓的“随意性”，不但不应是拒绝采信的理由，反倒要视为民间叙事乃至地方生活的应有特征，为我们解读历史

① 萧凤霞：《廿载华南研究之旅》，载《清华社会学评论》2001 年第 1 期。

提供了一种相对稳实可靠的地方逻辑。一个人(当然也包括多人)对于同一事件的不同表述,既可以是基于生活状态与交流情境不同而形成的差异,也可能是他对事件表述的不同侧面的选择,还可能是他自身"觉昨非而今是"而有所改变的结果。叙事者,既是能动的个体,又会受到国家历史进程与地方社会发展格局的影响。更重要的是,国家历史进程与地方社会发展并不是作为人类个体活动的静态背景而存在的,而是通过无数个体的能动性活动才得以实现的。个体与群体的叙事及其他行为,对于地方社会发展与国家历史进程的推动作用,至今尚难以准确估测,但在它们之间存在着至为复杂的关联与互动关系,则毫无疑问。因此,民间叙事基于村落生活而呈现出的所谓"随意性",不但不是田野研究的绊脚石,反倒蕴含着学术进步的契机,因为这是理解村民的历史观、价值观的必由之径。

村落中的民间叙事,还会努力保持与地方志、族谱、文人著述等文字传统的一致性。比如,它们都倾向于将本地区的历史与文明传统演绎得悠久古老,竭力与上古圣贤、神灵怪异建立关联,以贴近"人杰地灵"的叙事逻辑。显然,地方社会一直在不断地重新定义和建构自身传统的神圣与伟大,只不过官方和文人的叙事多以县境为单元,村民则多以村境为指向,官民之间经常发生的"文化合谋"即在此背景下展开。这与现代婚礼上对于恋人"缘分"的演绎,电视选秀者对其生平际遇的"赋值"等现象,如出一辙。其中的关键是如何建构叙事的合理性,以感染受众,并挟以自重。由此可知,执着于对民间叙事证实或辨伪的学者,既难以理解历史,也不能洞悉民众智慧。

村落研究,是不能不将历史学与民俗学、人类学的研究方法加以综合运用的。就村落史研究的学科传统而言,历史学追求历史真相,其研究注重证实或辨伪,而民俗学、人类学则关注民众如何记忆历史,以及为什么这样记忆历史。村民的历史记忆可以是虚构的、附会的、可改变的,因为它指向的是意义。比如,在山东各地的移民传说中,潍水以西大都说是来自山西洪洞大槐树(有的强调是由河北枣强中转而来),潍水以东的胶东半岛则普遍流传着"小云南移民"的说法。虽然众口一词言之凿凿,但在历史上不可能村村如此。然而,人们还是将传说演绎为一种显赫话语,争相讲述、争论与传播。在争来说去之间,这一传说就被广阔地域的人们演绎为一种有意义的历史记忆,衍生出文化认同、精神安顿等现实意义。克拉克认为:"人类学者一向比社会学者和历史学者对于历史意义的重要性更为敏感。和'什么事实际上发生过'同样重要的，是'人们以为发生过什么样的事'，以及他们视它有多么重要的。"①真正的村落研究，不仅是在为包括历史学在内的多种学科提供民众口述资料，其实还有更为重大的使命，就是挖掘和呈现民众生活实践中的文化创造及其价值建构。遗憾的是，后者至今仍为包括民俗学者在内的众多学人所轻忽。

四、以学者与村民合作的民俗志书写方式，推进当代村落研究

近年来学界劲吹"田野风"，进入村落成为时尚。特别是有老建筑遗存的古村，学人更是纷至沓来。热衷于进村者，并非都出于对村落价值的珍视与对村落发展的关怀，但对村落的影响却是强大而持续的。在这一切的背后，是国家战略聚焦乡村，社会资本涌入乡村，乡村成为当代社会的"宝地"。

历史告诉我们，乡村社会的良好发展是国家长治久安的基础。不过，在此时此刻，如下追问也许并非多余：我们真正了解我们匆遽进入的乡村吗？我们所理解的、要保护的乡村文化生态是自然真实且可持续的吗？我们的意愿也是生于斯长于斯的众多父老乡亲的愿望吗？这方水土会因我们的进入而更加美好吗？须知，在"现代化发展"这一庞然大物面前，乡村自然与人文生态系统是何等脆弱，而乡村所积淀的传统智慧对于人类未来发展则弥足珍贵，任何人、任何力量都无权损之毁之。广阔的农村天地首先需要被准确认知，然后才有可能"大有作为"。面对村落，如何才能更好地认知、更深入地理解与更准确地描述呢？

就本套丛书的众多作者而论，虽然早先在博士、硕士学位论文的写作过程中，已对村落有相当了解，但受到学位论文写作时间的限制与研究能力的制约，其村落民俗志描述少有村民的内部视角。我们期望在这套丛书的写作中，通过学者与村民的深度合作，尽量多地呈现二者的不同视角，尽

① [美]克拉克(Samuel Clark)：《历史人类学、历史社会学与近代欧洲的形成》，贾士蘅译，载[加]玛丽莲·西佛曼、P. H. 格里福编：《走进历史田野——历史人类学的爱尔兰史个案研究》，(台北)麦田出版股份有限公司 1999 年版，第 386 页。

量多地留存鲜活的乡土气息。

1. 对于村民的内部知识，不妄加评论，而采用现象描述的方式，呈现真实的民众心态。

初入田野者，最常见的毛病便是盲从自己的知识“先见”，乍见村落种种现象，就匆匆忙忙做类型区分和价值判断。比如，对于村民信仰活动，或要评判是否迷信，或要区分是道教还是佛教。这样的知识“先见”，其实是基于对中国社会的肤浅理解。看似荒诞不经的言行，往往背后蕴含着民众的真实心态，是解读村落心史的难得资料。本套丛书中《胡集村》一书的作者王加华，曾携初稿进村交流。村民以当地说书前惯用的几段开场白[①]为证据，坚持认为本村起源于春秋时期，已有2000多年历史。这一说法无疑是非历史的，却正反映了村民希望将本村历史拉长与神圣化的真实心态。作者最终定稿时，对此就没有予以简单地抹杀或揶揄，而是在列举地方志书中的“明初立村说”之后，呈现村民的“春秋立村说”及其依据，同时保留村民的其他说法，这无疑是确当的。

当然，在学者与村民的交流中，也会有村民揣摩学者意图而对村落内部知识加以改装，往学者这边贴靠。这既与现实生活中学者话语的强势地位有关，也表现出村民对外来话语（包括学者）的利用心态，后者尤其值得注意。一些有见识的村民，一旦察觉到学者话语有助于所在村落的“增值”，往往就会抛弃己见，欣然赞同学者的说法，甚至热心地帮助寻找证据。虽然这也是村落知识增长的一种方式，但目前却还处于不稳定状态，需要将之与村落中比较稳定的知识范畴相比照，否则，我们对村落的理解就不免浮光掠影。

2. 丛书最后特设专章“村里的人　村里的事”，附录“重要民俗资料提供者简介”与村民所用文献，以凸显村民的主体叙事视角。

“村里的人　村里的事”专章的设计，意在以词条单列的方式，突破传统村落民俗志书写的静态幻象，在以事带人的生动描述中展现村落中的特

---

① 胡集书会汇聚南北说书人，常用的开场白有：“道德三皇五帝，功名夏后商周，五霸七雄闹春秋，顷刻兴亡过手。”“孔夫子周游列国，子路沿门教化。柳敬亭舌战群贼，苏季子说合天下。周姬佗传流后世，古今学演教化。”“扇子一把抡枪刺棒，周庄王指点于侠。三臣五亮共一家，万朵桃花一树生下。何必左携右搭。”

色文化。要想做到这一点并不容易。如张士闪和张帅在完成《洼子村》一书初稿后，曾专门回村细读给7位老人听，在热烈的讨论交流中，重新审视或矫正书中的原有观点。有村民尖锐地提出，原书稿过于突出巫婆神汉、善人及其信仰活动①，应该为本村烈士、支前英雄"树碑立传"，突出"教师村"的形象，并提供了相关资料。我们据此进行调整，新增"教师村""红色记忆"两个词条，与原有的"公事总理""礼仪人家""善人"等并置相映，就明显合理多了。这一修改书稿的过程，其实是学者与村民的两种叙事风格的并置与互动的过程，由此形成的村落民俗志自然会较前丰厚许多。

重要的民俗资料提供者，通常属于村民心目中"会看事""会办事""会说话"的人，经常代表村民向外人表述"村落文化"，其话语当然也会经过其自身的选择、加工而具有个人色彩。我们需要进一步观察，大多数村民会认同他作为村落文化代言人的角色吗？不善于对外人表述的大多数村民，如何评价他的话语？学者的到访，是促成了村民对其话语的接受还是相反？这些都需要格外留心。书后所附"重要民俗资料提供者简介"，意在呈现其个人基本信息，供读者进一步了解与思考。

书后所附的村民文献，与学者所撰写的正文文本形成有趣对比。学者与村民之间，注意点不同，知识储备、思想局限有别，而对村民村事的价值预设也差异明显。比如，围绕同一个村落的民俗志表达，学者所感兴趣的是如何呈现其所理解的"村落"，往往是看了地方志、地图、家谱、碑记等以后，再去跟村民交流，有时候还会事先阅读相关论著。当今学者还会特别看重祠堂、庙宇、信仰仪式、巫婆神汉等，认为这代表了地方文化生态的完整性。对于村民而言，村落则是他们身在其中、终身归属的"家园"。曾记得在2002年，洼子村的几位村落精英接受村委会布置的一项任务，要向外来民俗专家介绍村落文化，他们将之分解成"村志""民俗概况""文化教育概览"三部分，分别撰文描述。显然，他们将"村落文化"理解为历史、民俗与"高层"文化（并视为本村的特色文化）等三大层面，这一分类颇有见地，对于我们今天理解村落及民众心态仍具启发性。

长久以来，中国乡村社会经过反复的礼俗教化，形成了基于农耕经济

① 张笃杰："看了这书，外人还以为洼子村就知道整天烧香拜佛呢！"张笃杰，山东省淄博市淄川区罗村镇洼子村人，长期担任中小学教师、校长，现退休在家。

的社区共享传统，它以乡村公共利益的高度共享来实现乡土社会秩序的长期稳定，以社区节庆、生活礼仪、生产互助、乡规民约、信仰仪式等民俗传统为传承载体，构建起中华文明绵延不断的社会基础，也是支撑当代中国乡村可持续发展的重要文化资源。当代学者应服务当下中国社会发展的现实需求，扎根村落，深入传统，以此为基础提炼研究方法与理论，建构田野研究的中国话语。我们这套丛书愿意在这一学术方向上进行尝试，抛砖引玉。

最后还要说明的是，这套丛书写作时间正值暑期，尽管各位作者都有博士、硕士学位论文的研究基础，但因丛书定位所强调的视角转换，需要大量的补充调查，有的干脆是返工重做。今夏大热，感谢各位作者不避酷暑，按时完成撰写任务。因时间匆遽，本套丛书不尽如人意之处，敬请读者诸君批评指正。

张士闪

2017年8月31日

前言

最是光阴留不住，一别故地又八年。

此情此景若昨天，此情此景换人间。

一别数年，我又一次回到了我第一次做田野调查，也是我的硕士论文的田野点——莱芜市颜庄镇颜庄村。八年前，我是山东大学民俗学研究所的一年级新生，跟随导师张士闪教授去莱芜市钢城区颜庄镇做调查。我本身就是莱芜人，家与钢城区只有几十公里的距离。于我而言，虽然没有去过这个镇，但是从小就从长辈零星的描述中对它有一个大致的印象，也因此对它有着某种天然的亲切感。当年我们做田野调查时，颜庄镇以及颜庄村的领导们都特别热情，不仅给我们提供了很多有价值的资料，还亲自带领我们深入当地民众家做调研。接下来的家乡民俗学调查也进行得颇为顺利，我对这个有着悠久历史的北方大村落产生了浓厚的兴趣。

在这个古老宁静的村落里，汶河在静静地流淌，大街两旁的民居整洁有序，远处葫芦山水库庄严肃穆，与枝繁叶茂的老槐树相得益彰。在村民零散的记忆中，有小时候去东泉村摸鱼钓虾的童趣，也有“农业学大寨”“莱芜七零一”的苦与乐，更有他们现在对这一方水土的拳拳深情与无限眷恋。通过这样的采访，村庄的一部分记忆被重新唤醒，村落那些或激情澎湃，或艰涩难挨的岁月得以再现。这些记忆，浸润了个人的酸甜苦辣，也书写了村庄的百年历程，更彰显着全社会的发展变迁。

令人欣喜的是，在这个乡村活力日益冷却的年代，颜庄村却散发出了不一样的活力。颜庄村由于邻近莱钢，很多年轻人就近在一些工厂找工作，因此本村年轻人外流现象不多；相反，由于毗邻莱钢，很多周边区域的

民众也来此打工、居住，邻近村庄的民众甚至在颜庄村买了楼房长期居住。因此，日常生活尤其是周末时间，大街小巷都可见很多年轻人的身影；逢年过节更是热闹，村民或以村为单位，或以兴趣爱好聚在一起，展示各自的文艺才能。春节期间，一支由他们组成的龙灯队就会活跃在颜庄村。这支龙灯队由九个不同的乡民艺术小团队组成，他们会在每年的春节给本村及周边村庄的民众表演节目，给村民拜年，比如谭家胡同的舞龙、被选为山东省非物质文化遗产的花鼓锣子、老年秧歌队等等。

令人惋惜的是，八年之后，当我再一次走进颜庄村，想再一次循着以前的路线拜访故人时，才发现他们中的很多人或已经去往他乡，或已经离世。犹记得八年前来颜庄村，进村之后拜访的第一人便是退休教师谭业栋先生。当时先生精神矍铄，熟知村中掌故，逢人来访，十分热情。退休之后坚持发挥余热，积极组织村庄的老年人跳秧歌，业余时间帮花鼓锣子填词，更是帮小儿子监督盖幼儿园。如今，花鼓仍在，稚童满园，先生却早已驾鹤西去。也记得当年跟随李万鹏老师去王锡孔先生家，两位老师均年逾花甲，交谈中两人却争吵起来，起因竟然是关于当地某项民俗的事情。两位老先生当时争得面红耳赤，王老师下了逐客令，李老师也拂袖而去。如今，两位先生均已离世。缺失了这些文化精英的生命体验和守望，村落的记忆显得苍白。只是，与人之生老病死一样，村落自有一套自成体系的运作模式，也会经历一系列兴旺一衰败的循环过程；民俗也自有一套生生灭灭的法则，期间会有新的民俗形成，也会有旧的民俗式微甚至消亡。过程性与未成性本来就是民俗的重要特征。

通过这样深入村落的调查，村落的记忆被重新唤醒，历史脉络也逐渐清晰。村民的故事也不再是单纯的个人的生命体验，而是已经与那个时代的发展脉搏紧密相连，是中国农民乃至乡土社会发展的缩影。这些散落在民众记忆深处的故事，展现了他们与这个村庄血肉相连的关系，使他们体验到了村落、家族背后更多的意义，也让他们对这个村庄的亲人、大槐树、汶河乃至村庄的花花草草有了更多的眷恋和理解。

如初识一般，我对颜庄村始终有种难以割舍的情怀。颜庄村位于齐鲁交界的地方，商旅官员，迎来送往，店铺林立，商贾云集，也曾经遭遇匪患，惨遭天灾，民众四处逃荒，抗战期间更是遭遇日军的蹂躏，民不聊生。即使

这样，颜庄村人烟一直辐辏，人口数量也一直居高不下。当然，这是由很多原因决定的，而我觉得最重要的原因也许是，在长期的辗转磨合中，当地民众发现，他们的土地在这里，他们的房屋在这里，他们的亲人在这里，他们的根脉在这里。他们看重和挂念的一切都在这里。颜庄村，始终是他们无法割舍也不能割舍的家园。

田野调查结束时，花鼓锣子传承人李沛庆老师硬往我包里塞了一大包烧饼，一直热心陪同我调查的武玉春老师笑着跟我说“再见”时，我却依依不舍，难以转身。是的，这过去的八年，已经让我恋上了这个村庄，恋上了这个村庄带给我独有的温度和眷恋。她已经走进了我生命的深处，流淌在我的血液里，如故乡般温暖，如亲人般贴心，我相信自己以后还会经常来这里看看。

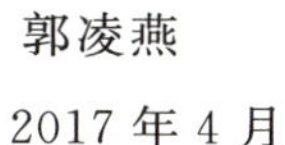

郭凌燕

2017 年 4 月

山东省地图
德州市
滨州市
东营市
烟台市
威海市
济南市
淄博市
潍坊市
聊城市
泰安市
莱芜
青岛市
济宁市
菏泽市
日照市
临沂市
枣庄市
渤
海
黄
海
图 例
省行政中心
设区市行政中心
省 界
未 定 省 界
设 区 市 界
比例尺 1:4 000 000
审图号：鲁SG(2017)098号
山东省国土资源厅 山东省测绘地理信息局监制 山东省地图院编制

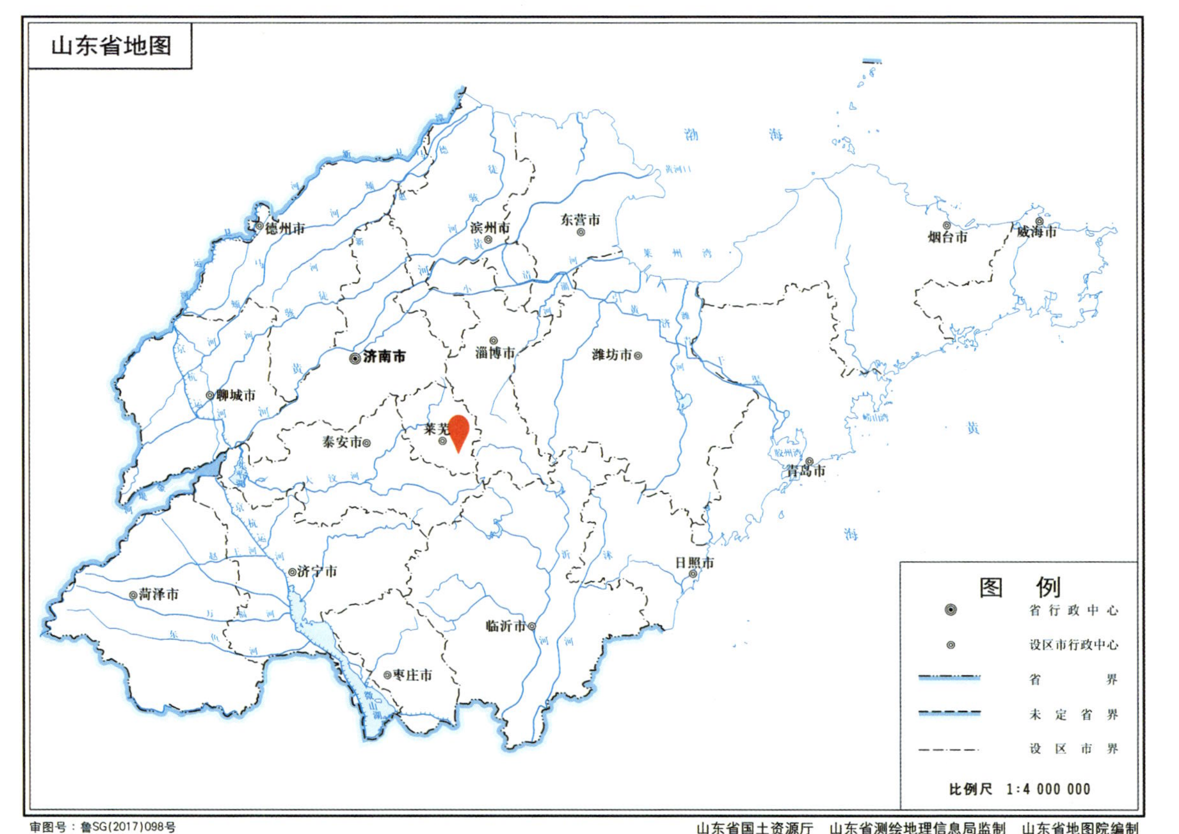

颜庄村地理位置示意图

目录

第一章　汶河边的大村落 1

一、"巨无霸"大村庄 2

二、迎鲁通齐要地 11

三、靠河・有泉 22

第二章　经济与贸易 31

一、钢铁资源丰富 31

二、"颜庄少闲人" 39

三、颜庄大集赶三天 45

第三章　岁时节日 53

一、热闹不过春节 54

二、四时八节 65

三、七月十五大如年 72

第四章　一个能文能武的村庄 77

一、"玩得转艺术"的村落 77

二、锡雕银炉一条街 84

三、村庄里的"状元高中" 89

四、昔日名人轶事 95

第五章　村庄里的国家文化遗产:花鼓锣子 99

一、历史溯源 99

二、传承人及主要角色 100

三、组织过程及表演形式 101

四、演出文本 105

五、花鼓锣子与民众生活 113

六、花鼓锣子主要传承人 114

第六章　村里的人　村里的事 116

一、支前模范村 116

二、一段“共产主义”时光 118

三、舌尖上的颜庄 124

后　记 130

第一章 汶河边的大村落

在中国这样一个农业大国，土地对民众来说意义异常重大，他们生产、生活的很多资源都是直接或间接来源于土地，而水资源在其中扮演了重要的角色。民众有沿河、沿江聚居的习惯，加上这些地方土壤比较肥沃，灌溉便利，水上交通也非常方便，容易形成一些规模较大的村落。民间社会的很多组织和习俗也都与水密切相关，诸如兴修水利、争夺水源、求雨等。因此，从这个意义上也可以说，水不仅左右着村落的地理空间选择，也对民众的精神世界有着非常重要的影响。

大汶河是境内第一大河，被当地民众誉为莱芜人的“母亲河”。“江河滔滔向东流，唯有汶水倒流西。”大江东去，汶水西流，这是大汶河一独特现象，是莱芜古八景之一。有着近 6000 人的村庄——颜庄村就位于汶河边上。颜庄村位于莱芜市莱城区颜庄镇，是颜庄镇政府所在地，距离莱芜市区 14 公里，地理位置优越，有钢城区的“北大门”之称。颜庄村历史悠久，相传自春秋战国时代就因交通发达而名闻齐鲁大地。颜庄村现有 9 个自然村，人口众多，因靠近莱钢，当地工作机会比较多，民众大多在本村或就近工作，人口外流现象较少，村落文化传承发展良好，一直是汶河边上的“巨无霸村落”。

一、“巨无霸”大村庄

（一）村庄概况

颜庄村隶属山东省莱芜市钢城区颜庄镇。颜庄村历史悠久，文化底蕴深厚。相传在春秋战国时期就因人口众多、交通发达而名闻齐鲁大地。后因战乱，村落衰败，人口骤减，曾几易其址。元末明初，村内仅剩常、罗、寇等几户人家。据村碑记载，明朝洪武年间，谭、武、张、王、吕等诸户人家由山西洪洞、河北枣强等地迁入，村址在现在的205国道颜庄大桥以南的李子园，曾名“李子园村”。后人丁兴旺，村落沿汶河向北地延伸，改称“延庄”。后因谐音逐渐演化为“颜庄”，故有此名。

荒废的李子园

颜庄镇位于莱芜市东南部，地理位置优越。镇域面积71.7平方公里，人口为58004人，辖3个管理区，42个村(居)委会，49个自然村。颜庄镇位于汶河沿岸。据相关志书载，五六千年前，我们的先人早已在这块古老的土地上勤劳耕作，繁衍生息。颜庄境内山峰由东、经南、到西呈弧状排列，其山名由七语相连："黄羊东边坐，山寨立西段，蜿蜒九龙南，披头老人笑，喜看万花山，猛虎西南卧，葫芦挂东南。"众山竞秀，风光秀丽。汶河从镇南面入境，缓缓向北，"汶水倒流"，千古奇观。镇址所在地颜庄村东临汶河，西靠岱山，依山傍水，虎踞龙盘，古为齐鲁大道要地，交通十分便利。803 省道、莱新高速公路、磁莱铁路贯穿南北，莱韩公路横穿东西，是货畅其流的枢纽城镇。全镇资源丰富，煤炭、石灰石、白云石储量居全市前列，境内有莱钢、新矿集团等省地厂矿 10 余家，矿业与制造业比较发达，城镇化程度较高。

颜庄村所处的钢城区地处鲁中腹地，隶属莱芜市，位于莱芜市的东南部，北、西两面接莱城区，南邻新泰市，东邻沂源县。钢城区在 1990 年改为县级莱芜市钢城办事处，1992 年莱芜升为地级市后改设钢城区。2012 年年末，钢城区辖 3 个街道（艾山街道、里辛街道、汶源街道）、2 个镇（颜庄镇、辛庄镇），全区总人口 29.86 万人（户籍人口数），其中非农业人口 10 万人。钢城区地质构造受鲁中纬向构造及鲁西旋卷构造的限制，构造形迹以断裂为主，褶皱次之。地形是南缓北陡的半圆形盆地，区域总面积 507 平方公里，山区丘陵面积占 80％以上，耕地面积为 7730 公顷。

钢城区属温带季风性湿润气候，四季分明，雨水充沛。东、南两面多山，汶水穿区而过。无霜期年达 286 天，年平均气温 16℃～18℃，适宜多种农作物的生长，是名副其实的膏腴之地。目前，钢城区已探明水资源总量为 9595 万方，可利用量为 4591 万方，境内有中、小型水库 37 座，塘坝 197 座，年均水资源总量 1.2 亿立方米，水源充足。已探明储量的矿产有铁、金、铜、银、煤炭、石灰岩、白云岩、长石、黏土、石英、砂、花岗岩等 14 种，总储量约 5 亿吨。煤炭资源是钢城区的优势资源，已探明地质储量为 1.5 亿吨，现存储量为1 亿吨。铁矿石总储量为 154 万吨，保有储量 66 万吨。境内有莱钢集团、新汶矿业集团莱芜医院、潘西煤矿、西港煤矿、山东鼎立化工集团 5 家省、市属大中型企业，是山东省的重要钢铁、煤炭生产基地，素有"钢铁煤都"之称。

莱芜古称"嬴""牟"，是全国有名的"钢城"，位于山东省中部，泰山东麓。

北邻济南市所辖的章丘区，距济南市 112 公里，东邻淄博市博山区和沂源县，南邻泰安市所辖的新泰市，西邻泰安市岱岳区，南北最大距离 58 公里，东西最大距离 56.8 公里，总面积 2246.21 平方公里。莱芜地处鲁中山区，中部起伏平缓，西部开阔，地势由东向西倾斜。境内大部分为山地，占总面积的 58%～89%；次之为丘陵，占总面积的 20%～34%；平原占的比重较小，为 11%～19%。境内河沟比较多，有 400 多条，分汶河、淄河两大水系，其中以汶河水系为大。莱芜市下辖莱城、钢城两个区，有 1261 个自然村，总人口有 1238763 人。因靠近泰安地区，历史上莱芜一直隶属泰安。1941 年，抗日民主政权将莱芜与博山、沂源、新泰的少部分地区合并划为莱芜、莱东、莱南三县，抗战胜利后恢复原貌。1983 年 8 月，经国务院批准，撤销莱芜县，改设省辖县级市，由泰安市代管。1990 年，将新泰市的寨子乡、沂源县的黄庄镇划归莱芜市管辖。1992 年 11 月，经国务院批准，莱芜市由县级市升为地级市。

颜庄村隶属莱芜由来已久，建置和区划归属几经变迁。明初，莱芜编为 30 里，天顺年间增为 42 里，时颜庄村隶属颜庄里；正德后“里”改为“保”，全县编为 4 乡 42 保，乡辖保，颜庄村属东乡颜庄保所辖，沿至清末；民国初年，取消乡保建制，莱芜县划分为 10 个区，下辖乡镇，颜庄村属颜庄区的颜庄镇所辖；后“区”以数字称谓，颜庄区改称“四区”，颜庄村归四区所辖；1941 年春夏之交，为满足抗日战争的需要，莱芜县划分为莱北（亦称“莱芜”）、莱东（亦称“博莱”）、莱南（亦称“新甫”）三县分治，颜庄村隶属新甫县清泥区颜庄乡；1945 年 10 月，莱芜恢复原建制，全县划分为 13 个区，颜庄村隶属颜庄区；1951 年 3 月，各区由按地名称谓改为数字称谓，颜庄村隶属七区；1955 年 10 月，各区名仍改按地名称谓，颜庄村仍归颜庄区所辖；1958 年 3 月，撤销区级建制，全县划分为 1 镇 27 乡，颜庄村归颜庄乡所辖；1958 年 10 月，乡改人民公社，颜庄村隶属颜庄人民公社，直至 1983 年年底；1983 年年底，莱芜县改称“莱芜市”（县级市），颜庄村隶属莱芜市颜庄人民公社至 1984 年 4 月；1984 年 4 月，公社改为办事处，下辖乡镇，颜庄村隶属颜庄办事处的颜庄镇；1985 年 10 月，撤处并乡镇，颜庄村隶属颜庄镇至 1992 年年底；1993 年年初，莱芜市升格为地级市，下辖莱城、钢城两个区，颜庄村隶属钢城区颜庄镇至今。

在区域上，明以前无考，明初至中华人民共和国成立初均无大的变化。1956年农业生产合作化时期，东泉村并入颜庄村，成为其下辖的9个自然村之一。

（二）颜庄村的家族

颜庄村是莱芜市钢城区颜庄镇政府所在地，位于莱城东12公里处，东依疃里村，西邻马官庄村和西沟村，南接牛马庄村，北与南下冶村接壤。村落为南北走向，纵向略长，南北长约1.5公里，东西宽约1公里，耕地面积2200亩。汶河穿村而过，村西与205国道相邻。村庄以老村南北大街为界，街西用"和"字作通名，依次并排为天、人、同、庆4村；街东用"善"字作通名，依次并排为永、保、安、乐4村。即：街西依次是天和村、人和村、同和村、庆和村，街东依次是永善村、保善村、安善村、乐善村。而东泉村独立于汶河的东岸，与其余8个村隔河相望。

关于颜庄"村中村"名称的由来，在当地还流传着这样一个故事。据村民谭业栋讲，清康熙、乾隆年间，时值盛世，再加上颜庄村地理位置优越，商旅往来不断，当地经济发展良好，民众生活富足，人口逐年增长，村民数量一度超过2000人，是区域社会中人口数量最多的村庄。因人口数量众多，村庄面积又比较大，管理起来非常不方便，因此，村庄的主事人便提议将颜庄这个大村按照其位置、人口、家族等因素划分为8个自然村（东泉村尚未并入）。小村边界确定好之后，村名却一直没有确定下来。当地村民几经商议，决定去别的村庄请高人来指点一下。

离颜庄村不远的埠东村有一位许姓秀才，在当地颇负盛名，村民就去请他前来赐名。许秀才来到颜庄村，对其周边环境进行了勘察。午饭过后，许秀才还是没有说出8个自然村的村名，只是说道："颜庄的确是一方风水宝地，前有朱雀桥，后有震武庙，左有汶水，右有岱山，天人同庆，永保安乐，和善为本啊。"说完这些话之后，便不再作声。村民将许秀才送走之后，感到很失望。就在众人疑惑之际，一名村民恍然大悟："天人同庆，永保安乐"是8个自然村的第一个字，而"和""善"正是村名的第二个字啊。自此之后，民众就

以颜庄大街为界，将 8 个村的村名确定下来并沿用至今。[①]

事实上，远在清代以前，颜庄村的人口就比较多。相传远在春秋战国时期，颜庄村就因为交通四通八达、商业兴旺而吸引众多的人口来此定居，再加上当地资源丰富，村庄人口繁衍的速度也比较快，当时就以人口众多而名闻齐鲁大地。秦朝时期，鉴于当地重要的战略位置，政府专门在此修建官道，并在村内设置驿站（驿站位置在今铺园），以便往来的官兵补充给养。然而交通便利、经济繁荣，也容易招致祸事。颜庄村历史上战乱不断，再加上临近汶河，水旱灾害也时常发生，村庄人口几经起落。元末明初时期，村庄衰落，人口骤减，当时的颜庄村只剩下罗姓、常姓、寇姓等几个家族，人口也只有寥寥数百人。

明朝洪武三年（1370 年）前后，政府从山西洪洞大槐树以及河北枣强等地迁移武姓、张姓、李姓、谭姓、吕姓等民众，这也与家谱中所载迁莱的日期大致相同。比如当地谭氏家谱中记载："吾谭自莱阳占籍莱芜盖始洪武三年……"又如武氏家谱中记载："相传吾祖自明初年间由冀州直隶枣强迁出。迄今六百余年，子孙繁衍二十余代……"张氏族谱也有记载："前世为直隶枣强人自明初迁莱……"

至此，村庄重新又繁荣起来。由于临近交通要道，是区域社会重要的交通枢纽，往来客商需要住宿，因此当地民众开旅店的很多，现在村中有些地方还有"张家店子""李家店子"的叫法，即过去张姓、李姓家族的人在此开过旅店。长此以往，村民便将旅店及其周边的地方以店名命名了。时至今日，武氏、张氏、谭氏、吕氏、李氏等家族在村庄中均

颜庄村张氏族谱

① 访谈对象：谭业栋，男，颜庄村人。访谈时间：2010 年 12 月。

占有重要地位，而寇姓、罗姓、常姓等家族都已经衰败。村民相信“独姓不旺”，一般越是独姓，就越容易出现“绝后”的情况。比如罗姓现只剩一户人家，而且后代中只有一个女儿，其余几家独姓也是如此。

当地民众还相信，家族的兴旺与否跟坟地风水紧密相关。比如，寇氏家族本是颜庄村的大姓，但是寇家的坟地跟武家相隔较近，“大刀武会向寇家头上砍去”，那么寇家就要衰败，武家就会兴旺；王家的坟地也不宜与武家相隔太近，“大刀会砍王”，对王氏家族不好；苗家的墓地跟马家的挨着也不吉利，因为马会把苗吃掉，苗家就会因此走向衰落；同样的，因“羊会吃苗”，苗家的墓地也不适宜与姓杨的挨着；如果亓家的墓地跟马家的挨着的话，就会因为“有马可骑”而变得飞黄腾达，但是马家会因为“被骑”而很难发达；姓时、石的家坟不适宜与朱家的在一起，尤其是朱家的坟在前边、其余两姓的家坟在后边的情况更为不吉利，因为“猪会吃食”，石、时家会因此降祸，对整个家族不利；等等。

不仅在家坟方面，通婚时当地民众也会特别注意这些事项，比如说苗家的女儿不能出嫁到马家或杨家，石家和时家的女儿不能出嫁到朱家，否则就会犯忌讳，对出嫁的女儿极为不利。如村民所说：

> 这个事情真的有点邪乎。我以前有个表姐姓苗，后来嫁给了马家做媳妇。结果嫁过去之后，婆家的人老是欺负她，没过几年表姐就生病死了。这个事情信则有，不信则无。但是，孩子都是父母的心头肉，父母不敢去冒那个险，特别是老一辈的人都特别在意这个事情。现在虽说是新时代了，很多人家也还是会在意的。①

（三）颜庄村的变迁与人口

近代以来，颜庄村也经历了不少天灾人祸。比如，1952年，颜庄村就发生了一件特大的人为火灾事故②，是当时颜庄酒厂的工人违章操作引起。颜

① 访谈对象：李家媳妇，女，黄花店人。访谈时间：2017年3月。

② 应访谈对象要求此处匿名：武某，男，颜庄村人。访谈时间：2017年3月。

庄酒厂位于颜庄天和村，时值夏日，又逢干旱，酒厂棚子也是用苇席、竹竿等一些易燃物品搭建而成。中午时分，酒厂工人为清除烟囱中的灰尘，就将原溜子酒倒入正在燃烧的锅炉中。四处飞散的火星瞬时将棚子点燃，火势迅速蔓延。酒厂工人立即展开救火工作，村民闻讯也立即赶来，但是酒厂负责人怕外人进来，会有财务损失，就紧闭大门不让外人进来。结果，借着风势，火势愈演愈烈，把酒厂旁边的民房也引燃了。当时的民房是草房，火势迅速向更大范围处蔓延。当时救火设施非常落后，离汶河又远，仅靠民众和几眼水井很难灭火。直至下午 3 点左右，火势才基本控制住，这时颜庄村北边的 4 个村庄已基本被烧光。本以为控制住的火势，却在这时因为风向的转变，又开始向南蔓延，颜庄大街南边的 4 个村庄也基本被烧光，甚至连东泉村以及毗邻颜庄村的西沟村也受到影响。大火过后，全村 410 户中，只有不到 40 户的人家没有被烧到，这场火灾让颜庄村损失惨重。

再如，1983 年 4 月，颜庄村一带又遭遇了龙卷风。从九龙山脚下卷起的一个大烟柱，携带着火星和大雨点，迅速向颜庄村席卷而来，将颜庄村供销社农机门市部的营业室全部推倒，造成 2 人死亡、1 人重伤的严重后果。

颜庄村经历了无数的劫难，但是颜庄村村民不畏困苦，一次又一次积极投身于修复家园的工程中去。也正是因为有这一群始终以颜庄村为家的民众，在每一次劫难之后，颜庄村能很快地聚拢人气，重现勃勃生机。

中华人民共和国成立之后，颜庄村社会稳定，经济发展欣欣向荣，人口增长很快，村庄面积也不断扩展。村庄面积大，人口多，村民日常大多以自己所在的自然村或家族为单位进行系列活动，而对其他村庄的村民不是很熟悉。如村民魏振海所言：

> 你别看我们是一个村的，但很多人相互之间都不怎么认识。尤其像我这种整天在外面打工的，在家待的时间比较少，只是对我们这一窝一块的比较熟悉，有些人只是听说过其姓名，但是要真见了人家，可能也不认识。我们颜庄一个村相当于是9 个村庄，真的很大，认不全也很正常。[①]

---

① 访谈对象：魏振海，男，颜庄村人。访谈时间：2010 年 1 月。

在国家和当地政府的号召及支持下，颜庄村自2007年开始进行旧村改造，在汶河沿岸兴建楼房，将当地的居民进行集中安置，并成立滨河社区。滨河社区是国土资源部批准的试点项目，也是钢城区政府重点推进的农村居民集中居住区。其依托小城镇的模式和资源，吸纳周边村庄的村民集中居住。目前，该工程已经建成以及即将竣工的居民楼达75栋，村庄大部分年轻人已经实现"洗脚上楼"，住在老房子里的主要是老年人。兴建牌坊有3座，分别是和善坊、安乐坊、永保坊。

楼房建成后，除了本村居民，也有很多外来民众前来购买居住。调查期间，村庄的墙壁、电线杆及张贴栏上时常可见一些招租、售卖楼房的广告。今抄录一则如下：

楼房出售

颜庄镇仁和村滨河小区46号四楼东户，三室一厅，118平方，送阁楼，车库另算，价格面议。

联系电话：××××××××

据颜庄村办公室主任谭乐群介绍，颜庄村的大部分年轻人以及一部分老年人都已经搬进了楼房。最近几年，周边村庄来滨河社区买房的人也很多。据不完全统计，租住者以及买房定居者能达到五六千人，外来人口的数量可能已经超过颜庄村本地村民，出现人口倒挂的现象。村民谭乐群讲道：

我们村本来就是一个移民村，我们祖先也都是从山西和河北迁过来的。再说大家出门在外都不容易，能不为难别人就不为难别人，能帮别人一把就帮人家一把，我们对外来人口一直都很友好，跟自己村人一样。①

乡土社会是熟人社会，彼此之间总有一些熟人、姻亲的关系，邻里之间相互照顾也很自然；而那些来颜庄村买房的外来人口，大部分也都是在本地长期工作，跟当地人比较熟悉，纷争很少，已然成为颜庄村的"新居民"，这也

① 访谈对象：谭乐群，男，颜庄村人。访谈时间：2017年3月。

使得颜庄村的人口大大增加。

莱芜自2013年11月起实行单独二胎政策,2015年实施全面放开二胎政策,这些政策的实施都对颜庄村的人口增长产生了深远的影响。调查发现,大部分颜庄村村民对二胎政策持积极态度。来自于当地政府2017年对村庄人口统计数字显示,颜庄9个自然村共有1756户,5823人(如下表所示)。而在2012年,颜庄全村有1993户,人口5673人。相较以往,人口增长率有所上升。

2017年颜庄村人口统计

村名	户数	人口数
天和村	193	698
人和村	149	448
同和村	172	600
庆和村	205	701
永善村	210	737
保善村	200	637
安善村	193	609
乐善村	234	706
东泉村	200	677
非村户		10
合计	1756	5823

颜庄村人口基数大、增长快,外流人口数量较少,再加上外来人口源源不断地注入,使颜庄村的人口远超其他村庄,是颜庄镇当之无愧的“巨无霸村庄”,也是汶河边上的大村落。相较之下,其余的村庄人口基数少,人口增长速度相当缓慢,而且随着近些年外出打工人数的增加,一些较偏远的村庄人口外流现象较为严重,甚至出现负增长的现象,同属颜庄镇的马官庄尤为严重。目前,该村人口只有400多人,村庄常住人口数目更少。因此,有人戏称:颜庄人口多,增长速度快,“一年就能生出一个马官庄”。

二、迎鲁通齐要地

颜庄村的建村历史可追溯到春秋战国时期。据村民讲，颜庄村在明清时期得到了较为快速的发展，现在的村落基本上是在之前的古村基础上发展而来的。颜庄村地处交通要地，是莱芜通往新泰、蒙阴等地的必经之路，自明代以来就一直是区域内的政治、经济、文化中心，商旅往来，官道畅通。通衢之地，就必然人群汇集，各地商家往来其中，颜庄大街两旁的商号林立，各种当铺、酱菜铺、铁器铺、钱庄、酒家等商铺有几十家，知名商铺也有10余家，比如天和堂、义和堂、恒泰水、和顺恒、红祥等，而以李家银炉、杨家锡雕为代表的数家银炉、锡雕等产业，更使颜庄大街成为当时区域内非常有名的“锡雕银炉一条街”。虽然昔日铅华已被岁月洗尽，但是，时至今日，我们仍然可以想象出当年炉火炎炎、火星飞舞的场景以及颜庄大街上熙熙攘攘的繁华景象。

伫立颜庄村街头，虽逝者如斯，繁华不再，但还是能睹物凭吊，抚碑追思。本村以前在老槐树以北100米处有2座庙，路东是三官庙，路西是关老爷庙，还有一座土地庙。这些庙宇曾经香火极盛，迎神赛会活动非常兴盛，但是现在已经被道路和住宅所占，只能在脑中想象其曾经的辉煌。随着国家近些年保护乡土文化等倡议的提出，村庄也在这些方面做了努力，一些较为著名的地名、建筑被很好地传承、保护了下来，有些甚至还得到了很好的修复。著名的有“一园”“一桥”“一阁”“一圩子”“一碑”。

（一）一园

“一园”即铺园。据传，秦朝时有官道穿村而过，并在本村设有驿站，有铺园一处，现仅存遗址。又传，铺园历史悠久，极为出名，八仙就曾来过铺园，因此，铺园自古至今都没有屎壳郎①。当地民众认为，屎壳郎是不洁的动

① 屎壳郎：学名蜣螂，体黑色或黑褐色，大中型昆虫。

物，如果神仙来的地方有屎壳郎，那就是对神仙大不敬。[①] 铺园地处颜庄老村南北大街中段偏北，为中老年村民记忆中的文化活动的地方，面积约1亩，属保善村的地界。保善村即谭家胡同，在老村南北大街路东，相传为明万历年间兵宪谭性教故里，曾建有谭氏家庙，门额题“文武持衡”，现仍是谭姓聚居之地。胡同内路北曾设过莱芜颜庄红十字支会，民国年间多有造福一方的善举。胡同西口路南有一座耶稣教堂，为民国初年所建，现残存两堵石砌山墙。教堂以西的南北大街上耸立着一棵古槐，现虽已枯死，却仍是村庄的地理坐标和村民的口述史料。由古槐处越过胡同口北行约50米，便是铺园所在，现已杂草丛生，满目荒凉。

据明嘉靖《莱芜县志》载：颜庄村设铺，有铺司一名，兵夫两名，专事铺园一应事务，逢年过节戏曲杂耍艺人在园内表演说书、戏剧、杂技等节目，观者如云。进入近代社会，铺递的功用消失，房舍破败，逐渐形成一个文化广场，为村民节庆娱乐的重要文化活动地点，称作“铺园”。目前，铺园虽已荒芜，却仍是村民自诩的话题和内心深处的记忆，也仍是村落重要的历史人文景观。以铺园为中心，沿村南北大街两侧，曾经店铺林立，商贾云集。几经历史沿革，如今以老街为依托的颜庄集更是此地域范围内一个比较大的商品集散处，依稀能勾勒出昔日辉煌。

保存较为完好的龟驮碑(现置于铺园)

如今每逢颜庄大集，民众就会在铺园内摆摊卖东西。日常生活中，也会有一些民众聚在此处

① 访谈对象：武玉春，男，颜庄村人。访谈时间：2017年3月。

打牌、聊天。在颜庄村民众的心中，铺园不仅仅是一个文化广场，更是一个不可或缺的回忆坐标。颜庄镇现被确定为山东省的10个经济体制改革试点镇之一，政府将在铺园周边配套规划建设面积达3000平方米的社区综合服务中心，以及4000平方米的铺园文体活动广场；铺园以南、老槐树以北的地方也将建一处幼儿园，目前工程正在规划中。随着时代的发展，铺园将转变其之前的职能，继续谱写它的辉煌历程。

(二)一桥[①]

"一桥"即铁板桥，又名"朱雀桥"。铁板桥建于清末时期，建桥用的是当地的青石板，其长1米左右，宽0.5米，厚约30厘米。这种青石板本就较为平滑，加上建好之后人走车轧，风吹日晒雨淋，就变得更加光滑平整，犹如铁板一般，因此当地人就将其称为"铁板桥"。当时建桥的时候因为没有水泥、钢筋之类，就用当地打麦场上用的碌碡当桥墩。关于建桥的碌碡，在当地还流传着一个小故事。

话说从前，颜庄村有一个商人名叫房学修，以贩卖小商品为生。1920年左右，房学修跑去费县做生意，在当地的集市上碰到了一位商人。闲来无事，两人就攀谈起来。费县的商人问房学修是哪里人，房学修如实回答自己是莱芜市颜庄村人。费县人接着问："那你知道你们村南边有一座石头桥吗?"房学修是本村人，一年不知道要从那座铁板桥上走多少次，他当然比谁都清楚。费县商人接着又问："那你知道这座桥的桥墩是碌碡做的吗?"这个房学修当然也知道。但是，费县商人继续追问："那你知道那座石桥用了多少种碌碡，每一种碌碡又有多少个吗?"这个问题可把房学修问住了，自己虽然每日经过此桥，桥下的碌碡也见过无数次，但是真要问得这么细，还真的回答不上来。费县商人见房学修没有回答，就明白他是不知道答案的，就说："那你不是真的颜庄人。"随后，就自己一个人在旁边抽起烟来。

房学修见这个费县商人抽烟用的烟杆是用竹子精制而成，而且上边还有

① 访谈对象：谭业栋，男，颜庄村人。访谈时间：2010年12月。

很多疙瘩，一下计从心来，一把将费县商人的烟杆夺过来问道："你的烟杆很好看，上边布满了大小不一的疙瘩。你每日都会用得到它。那我问你，你清楚你这烟杆上有多少大疙瘩，多少小疙瘩吗？"这下轮到费县商人傻眼了。虽说自己每天都用手拿烟杆，眼睛也离烟杆不远，但是要说这上边的疙瘩数目，真是从没留意过。费县商人转而就笑了："哈哈，我告诉你实话吧。有一年我被费县这边的土匪掳了去，还被他们逼着当了土匪。有一天夜里，我跟着那群土匪路过颜庄村，当走到那座石头桥的时候，趁着天黑眼杂，我瞅准机会偷偷躲在了那座桥下。之后的两天，我怕土匪会找到我，我白天不敢出来，只能在夜里的时候偷着出来找东西吃。在桥下躲着的时候，闲得无聊，我就仔细观察那些碌碡。我发现，那座石头桥的桥墩是用 24 个碌碡做成的，其中有 12 个表面光滑的光碌碡，另外 12 个是表面坑坑洼洼的王碌碡。打那之后，我就记住了那座桥和那 24 个碌碡。"原来这个费县商人与颜庄村还有这么一段有趣的故事。房学修与他合得来，两人之后就做了朋友，交往甚深。

这个故事在颜庄村流传甚广。很多民众在讲这个故事之前都要加上一句："你知道铁板桥下王碌碡和光碌碡的数目吗？如果不知道，那你就不是颜庄人。"至于建造铁板桥时为什么要用碌碡而不是别的东西，当地民众回答不一。有人认为，当时没有现在的这些建筑材料，而碌碡结实，可以直接拿来做桥墩。也有人认为，12 个碌碡是表示一年之中的 12 个月；光碌碡光滑平整，意味着一年顺顺利利、平平安安，至于王碌碡，"王者势也"，可以驱邪避灾，保佑民众健康平安。

该桥在 1964 年被大水冲垮，之后民众对其进行了修复，但终究没能恢复其本来面貌。1990 年，颜庄村进行街道整改活动，铁板桥被拆除。为了与周边环境保持一致，将其改建成为现代的水泥大桥。时至今日，该桥仍沿用原名，但是已经不复当年之情形。

（三）一阁

"一阁"名曰"镇武阁"，当地人习惯称之为"北城阁""北阁子"。事实上，颜庄村除了北阁子，还有与之对应的南阁子。但是，由于南阁子名气不大，

遗迹，如“一阁、一桥、一园、一围子、一铺园”，尽显前辈之勤劳智慧，彼时声明已远震，即于今世，亦无不令人仰而慕之。

原“镇武阁”堪称“颜庄五大建筑之首”。考其来历，乃村人寇氏所为作。其初建之期虽无确记，然据明崇祯年间至清末曾多次重修之史料推测，距今三百八十余年无疑矣。其阁形制高大宏伟，立地顶天之势俨然，雕梁画栋，飞檐斗拱，风铃响亮，庄严肃穆，内供真武大帝、观音之像，巧传布道警世之情。真武者，凭威望及能力止息纷争战乱之谓也；观音者，为人施福行善之神也。阁内供此二神，非但颜庄人民爱和平，求美善之心彰显无疑，亦与村庄命名以“‘和善’为本”之意相吻合也。

颜庄人世代努力奋斗，所积之文化财富极丰。“镇武阁”之外，桥、园、围、铺，亦各呈异彩，互竞风流。所传之文化精神，至今仍为颜庄人滋魂润魄之玉液琼浆。狮舞、高跷，激励壮志；旱船、花轿，抒发豪情；花鼓锣子，乃省级非物质文化遗产，既为第四届国际登山节增光添彩，又曾在中央电视台举国瞩目。李家银炉，辉映海内；杨家制锅，声震齐鲁；徐、魏两家之熟牛肉，奇香深味，均史册有名。抗日战争，颜庄人同仇敌忾；解放战争，颜庄人奋不顾身！长眠于烈士陵园中之二十六名颜庄儿女，其鲜血生命所谱写之壮丽诗篇，上可告慰先祖，下可光耀于后人。

伴随改革开放春风，新时期之颜庄人民，展宏图，闯新路，锐意进取，奋斗不息。心血汗水凝聚，累累硕果骄人；宽街大道，骋飞奔跨跃之宝马；广厦高楼，安众志成城之民心。汶河波涛焕彩，滨河社区堪为示范；龙山灵脉绵延，民俗大街实乃非凡，重修南北城阁，继往开来之志毕现。而传承文化之功尤为凸显：一则彰明今乃盛世，二则标志文脉犹传。今人超越祖先，则民族复兴大业有望，于此可见一斑矣。是为记。

韩怀仁　撰文

颜庄村第九届、第十届村民委员会立

2012 年 8 月 28 日

真武阁

此后，北城阁不再使用之前的“镇武阁”之名，而是取“镇”之谐音“真”字，将其命名为“真武阁”。新建的真武阁高大雄伟，不失庄重威严。其下有三个通道，中间通道供来往车辆通行，两侧通道供行人过往。中间通道两侧有对联一副：“冬去春来千条杨柳迎鲁，国泰民安万里山河通齐。”

南阁子形制跟北阁子相同，也有对联一副：“除旧布新明知往者非来者，掀天翻地始知今人胜古人。”两旁的人行通道南北相通，通道中有很多石头、砖块随意搭建而成的板凳。夏日凉风习习，蚊子也很少，有很多民众在此纳凉、聊天，十分惬意。

南、北阁子建成之后，民众从外地请来了神像。按照南、北对应的规则，南城阁的神仙主要是保佑在世的人健康长寿的；北城阁的神仙们则主要是掌管阴间之事，供奉的神仙也就不尽相同。在 2013 年农历三月十九，南、北城阁举行了开光仪式，并邀请本村的领导和民间精英共同参与。南、北城阁开光词如下：

北城阁开光词

香炉乍热 清香缭绕 诸神海会悉遥闻 随处外接祥云 诚意方般

真武大帝 周公段 桃花女 贪狼星君 巨门星君 禄存星君 文曲星君 廉

贞星君 武曲星君 破军星君 太乙救苦天尊 龙王 财神爷 送子娘娘 白衣奶奶 泰山奶奶 观世音菩萨 诸神献全身 叩拜三叩

眼观六路 耳听八方 心口传授 喻人良方 恩泽天下 恩施四方 济世救人 永远吉祥 叩拜三叩

愿以此功德 善德常驻心 下济三途苦 上报四重恩 灾障消干净 祸患不再生 诚者财运通 人人得康宁 叩拜三叩

农历二零一三年三月十九日　奉献

南城阁开光词

香炉乍热 清香缭绕 诸神海会悉遥闻 随处外接祥云 南极长生大帝 南华真人庄子 护法天猷元帅 司命星君 司禄星君 延寿星君 益算星君 度厄星君 上生星君 赵公明 关圣帝君 送子娘娘 药王 观世音菩萨 遁水圣母 诸神献全身 叩拜三叩

眼观六路 耳听八方 心口传授 喻人良方 恩泽天下 恩施四方 济世救人 永远吉祥 叩拜三叩

愿以此功德 善德常驻心 下济三途苦 上报四重恩 灾障消干净 祸患不再生 诚者财运通 人人得康宁 叩拜三叩

农历二零一三年三月十九日　奉献

开光时，由到场的领导和文化精英举香叩拜，之后挪步楼上，将香插入香炉。开光仪式结束之后，由民众参拜。建成之后的南、北城阁于每年的农历三月十九举行庙会。不过据民众说，农历三月十八庙会就已经开始，三月十九是正日子，一般要持续3～5天，人多的时候会更久。除此之外，民众在农历每月的初一、十五，或是逢年过节以及家中有事的时候都会前来拜神。

南、北城阁未修建之前，民众一般会选择去临近颜庄村的花雨山赶庙会，或者去棋山庙会，有事需要求神仙的会去埠东村，或者求助于临近村庄的神婆。南、北城阁修建之后，吸引了很多当地民众及邻村的村民前来祭拜。为此，村庄专门找人看管南、北阁子。看管者之前是两人，后来变成一人。现在的看管者是永善村人，主要负责南、北阁子的卫生；夏季早上一般7点开门，下午5点关门，大门上留有电话，可以随时打电话跟他联系。村庄每月发给看管者800多元钱。

（四）一圩子[①]

“一圩子”即颜庄村圩子墙。自明代中叶以来，钢城境内盗贼蜂起，为避匪患，境内不少村庄大兴土木，围绕村庄修建围墙。一旦遇到匪情，民众便依靠村圩进行防御。村圩有的是一村独建的，也有相邻的几个村庄联合修建的。至民国初年，钢城境内就已经修建好20余座村圩，比如颜庄村圩、肖马庄村圩、黄庄村圩等，同时钢城境内还修建有山寨50多处。平常，圩子内的民众各自生活，一旦有匪情，相邻的村圩便会联合起来，互相帮忙，共同抵御来犯者。圩子之间会共享情报信息，战争中如果某个村圩刀枪、火药准备不足，别的村圩也会给予一定的援助。颜庄村就与黄庄村、肖马庄村等村庄建立了互助合作的关系。

颜庄村圩建于清同治年间。当时，来自费县的土匪多次进村打家劫舍。颜庄本村就计划修建村圩，当时还制定了一些不成文的规定：按照土地所有的多少出钱粮，按照人口的数目出工等。圩子由灰土夯成，墙体底宽上窄，墙高5米，南北长1500米，东西宽500米。墙围之上，均匀建有24个造型各异的炮楼。这些炮楼是由当时颜庄村一位姓李的银匠设计的，炮口很大，跟一座小楼一样。圩子墙外有护城河。当时，颜庄村圩开南、北两个大门，南门曰“迎鲁”，北门曰“通齐”，其意为南临鲁地、北临齐国。东、西两侧各开大门和小门若干。围墙上设有炮楼、箭垛等攻防设施。

颜庄村圩子建成之后，周边没有修建圩子的村庄民众会将一些贵重的物品寄放于颜庄村的亲戚朋友家中，匪患横行的时候他们也会躲到颜庄村来。村庄专门请村里的铁匠打造了大刀、长矛，还想办法购置了土枪、土炮。村民还专门成立了防卫的组织，并分成几个小队，各个小队各司其职，各个门楼都要派人24小时值班。每年的秋收之后以及春节之前是匪患比较严重的时候。一旦遇有紧急情况，值班的村民就会鸣锣警示；之后，民众便会紧急赶往鸣锣地点，共同抗击来犯者。

颜庄村圩子建于战乱年代，在保卫颜庄村及周边村民方面起到了非常重要的作用。后因战乱和村庄扩延等原因，颜庄村圩子被逐渐拆除，现仅存小东门处数十米墙基。目前正在进行城乡一体化建设，新建的小高层居民楼拔地而起，传统的红瓦平房四合院民居尚未完成拆迁，偶尔也能见到几处

① 访谈对象：谭业栋，男，颜庄村人。访谈时间：2010年12月。

破败的草房，或土坯残迹。

（五）一碑

"一碑"即颜庄烈士纪念碑。颜庄人民在抗日战争、解放战争中做出了极大的贡献和牺牲，为了纪念、缅怀颜庄地区的烈士们，1950年，颜庄区公所根据上级政府的相关指示精神，制作了颜庄烈士纪念碑。为了更好地制作此碑，颜庄区公所还专门成立了纪念碑筹建小组，深入当地，广泛搜集区域内的烈士材料，并且对纪念碑的设计、地点以及施工人员都作了精心甄选。当时的建筑工程是由当地非常有名的瓦匠徐钦武亲自带领大家施工，木匠谭守密也是当时颜庄村的能工巧匠。接到这个任务之后，相关人员兢兢业业，加班加点，用了不到6个月的时间就将此碑制作完成。

纪念碑所用的材料是当地非常有名的马泉青石，黑蓝色，碑身高1.3米，宽1.4米，厚0.3米，碑面光滑平整，叩之有声。纪念碑的正面中间书：为国捐躯浩气长存。背面中间书：为民尽忠气壮山河。碑文首行字书：山东省莱芜县颜庄区烈士纪念碑。碑文落款：颜庄区公所。纪念碑上的烈士姓名是按照牺牲时的级别高低排列。营级：吴修伟、朱司明、李万笃、宓来德；连级：毕坤德、郑兴梓等20人；排级：吴提孔、葛宪松等26人；班级：邵怀起、李全圣等33人；战士：黄文登、高如维等162人。[①] 纪念碑上的一应文字专门聘请颜庄高级小学刘家庆老师用楷体写作，文字公正端庄。碑文写好之后，由颜庄村村民武锡范等人镌刻而成。

此碑制作完成之后，被安放于颜庄大街的中心位置——铺园。之后，为了对此碑进行更好的保护，政府又专门修建了碑楼，当地人又将其称为"灵楼"。灵楼所用基石是质地坚硬细密的小颗粒青石子，灵楼为青砖白缝黑瓦，南、北各有高约1.5米的弧形小门一座，房檐下方镶嵌有8块木牌，彼此之间间隔20厘米，其上有画，内容关涉抗击日寇、渡江南下及积极支援前线的战斗场景。此画由颜庄镇澜头村人吴希明绘制而成。

每年的清明节，一些单位都会在此举行缅怀革命烈士的活动。1982年，莱芜市民政局将颜庄烈士纪念碑运往莱芜烈士陵园，并将其放置在纪念塔的东侧。

① 参见王锡孔：《颜庄烈士纪念碑》，载政协莱芜市钢城区委员会编：《钢城文史》第3辑，莱芜市印刷二厂2003年印制，第130～133页。

三、靠河·有泉

颜庄道中

芳菲无地不销魂，山路悠悠曲曲村。

最爱农忙三月雨，落花流水水潺湲。

这首诗写于清代康熙年间，作者是叶方恒，江苏昆山人，康熙八年(1669年)任莱芜县令一职。他在任期间考察了莱芜各地风土人情，主持编纂了《莱芜县志》。这首诗写的即是当时颜庄村优美的自然风光。颜庄村位于汶河边上，沿河种植有柳树、松柏等，风光优美。与颜庄其他8村隔河相望的东泉村有一眼湖眼泉，昔时泉水汩汩，清澈见底，鱼虾自在游于其中，与周边优美的自然环境融为一体。但是，潘西煤矿以及莱钢在修建的过程中，均以湖眼泉作为水源地，地下水开采非常严重，再加上汶河沿岸管理缺位，部分民众滥挖泥沙，沿岸一些工厂也向其中倾倒废水、废弃物，颜庄村的饮用水源被完全破坏。因此，本村从20世纪80年代就开始了买水吃的历史，至今已有30年时间。

汶河边的颜庄村

(一)靠河

大汶河优质的水源孕育了优秀的传统文化,汶河流域的代表文化是著名的大汶口文化。大汶河,又名“汶水”“汶河”,是黄河下游最重要的支流,自东向西,流经泰山山脉之阳,最后注入黄河,全长208公里,流域面达8536平方公里。因为其水流流向自东向西,又被称为全国最大的“倒流河”,也是莱芜古八景之一。① 其中,流经莱芜38.5公里,流经颜庄村的河段长度大约是3000米,宽200米。据考古资料显示,早在几千年前,大汶河一带就有人类繁衍生息,孕育了辉煌的文明。《诗经·齐风·载驱》中就有“汶水汤汤,行人彭彭”的描述,之后更是有“自古闻名膏腴地,齐鲁必争汶阳田”的说法。因临近水源,土壤肥沃,交通发达,该流域具有重要的战略意义。

汶河对颜庄村的意义不言而喻。颜庄一共有9个自然村,全部位于汶河沿岸,汶河曾经是村庄最重要的饮用水源和灌溉水源。“以前,汶河还很清澈,我们直接就可以用手捧着喝,那水甘甜甘甜的,很多人也都挑着担子来汶河里挑水。夏天的时候,家家户户都去河里拆洗家里的棉衣棉被,随便在河里放一块石头当搓板,衣服洗得很干净,大家还可以借此机会在一起聊聊天,那样的日子可好了。”②

随着经济的急速发展,汶河在为沿岸居民提供物质资源和生活便利的同时,也遭到了野蛮的侵蚀,这主要表现为四个方面:(1)随着潘西煤矿、莱钢等企业的建立,颜庄村的地下水遭到疯狂的开采;(2)一些民办企业存在管理不规范甚至违法等行为,将污染物直接排入汶河,汶河水质受到严重污染;(3)20世纪90年代以来,各种塑料袋、垃圾袋以及塑料制品等不易腐烂的物品开始走进民众生活,这些废弃物也有很大一部分被倒入了汶河;(4)一部分民众为了赚钱,开始在汶河里大肆挖沙卖沙,汶河本身的蓄水能力迅速下降。在各种力量的作用下,汶河的水污染越来越严重,一度臭不可

① 莱芜古八景:二洞云连、棋山柯烂、苍峡雷鸣、仙人遗迹、宫山夕照、龙潭星现、矿山呈瑞、汶水西流。

② 访谈对象:李翠梅,女,颜庄村人。访谈时间:2010年1月。

闻。不仅如此，汶河沿岸很多地方由于水量变小，两边河床裸露出来，被一些民众开垦出来种植蔬菜和庄稼，一些地方则是杂草疯长，河道情况堪忧。而当时连接河两岸的汶河旧水泥大桥年久失修，水泥桥面甚至都出现了很深的裂缝，目前已经不能通车。这些都给当地民众带来了很大的不便。

针对上述情况，2005 年，莱芜市政府实施了“治理牟汶河，保护母亲河”的整治活动，于当年 3 月份正式进入施工阶段：在汶河两端修建橡胶坝，同时修建河堤，大河中间设栏，在桥的两端建亭子。经过半年的时间，这四项工程已竣工。其中橡胶大坝宽达 200 米，高有 5 米，大坝的蓄水量高达 1000 万立方米，利于当地的灌溉。

在修建颜庄村连心桥之前，东泉与颜庄其他村落的交通主要是靠汶河里用石头垒起来垫脚的桥。夏季一发水，石头桥就会被冲走，过往民众只能踩着石头过河；东泉的学生要来对岸上学，就只能摸着石头过河，碰到水大些的时候根本过不来。要是在两岸间运输一些大件的东西，则更是难上加难。为了解决这一困境，本村政府及民众于 2009 年历时 7 个月修建了颜庄村连心桥，结束了两岸民众往来绕行之苦。连心桥修建碑文如下：

为民建桥，功德永存

——修建颜庄连心桥碑文

古往今来，滚滚牟汶水孕育了灿烂的嬴文化，然亦将土地村庄分割，往来绕道，咫尺遥远。多年来，同一行政村的颜庄、东泉受尽绕行之苦，尤其是近年来，实行旧村改造，加快了新农村建设的步伐，濒临汶河建起的居民楼区——滨河小区，往来绕道更远。修建两岸连心桥已成民心所向，众望所归。二零零九年初，颜庄村党总支部、村民委员会急民所急，在集体财力不宽裕的情况下，郑重向村民承诺，修建连心桥。该桥由省公路设计院设计，全长 256 米，宽 7 米，16 孔，32 柱，桥柱高 15.8 米，钢筋混凝土结构，造价 280 万，工程由村集体组队承建，于阳春三月动土兴建，十月底竣工，经有关部门验收，完全符合设计标准。连心桥凝聚了各方领导的心血：钢城区政府资助 30 万元、钢城区高新园

2000元、颜庄镇政府资助50.2万元，为民分忧；融汇了友好单位、社会贤达的爱心：莱芜市鑫兴粉末冶金厂等76个单位、王振岩等105人义捐，总计89.73万元，困难之时，喜解燃眉之急，践行了村两委执政为民的誓言。在村党总支部、村民委员会的正确领导下，上下齐努力，带领施工队，抢工期，战酷暑，斗洪水，创优良工程业绩。连心桥，连接了颜庄人民的心，承载了父老乡亲的情，功德无量，为将此良德善行发扬光大，世代永铭，仅勘石为碑，以记功德。

吕克勤　撰

立碑单位：中共颜庄村总支部委员会、颜庄村民委员会

立碑时间：二零零九年十月

颜庄村连心桥

为了彻底改变大汶河污染的情况，当地政府从2013年开始了大汶河整治行动。2013年10月，大汶河国家湿地公园正式投入建设，颜庄村即位于此湿地公园内。至2014年5月，大汶河湿地公园正式建成。2015年，大汶河湿地公园进入国家林业局批准的国家湿地公园试点名单。此外，当地政府还实行河长制，由区委领导担任河长，由村书记担任河段长，责任到人，成效显著。调查中发现，颜庄村段的汶河治理较为成功，现在水中芦苇生长茂

盛，时有白鹭、野鸭嬉戏其间，民众又开始在河里钓鱼，沿岸乘凉、散步的民众也很多。

不仅如此，当地政府还建立了水文站，实时监测当地河流的情况。颜庄村水文站碑文如下：

> 水文站控制流域面积 252 km²，为中小河流水文监测系统新建水文站，设有自记水位、雨量计、图像监控、水温桥测车等水温监测设施设备，监测水文流量及降水等水文要素，为防汛抢险救灾、水资源开发、利用、管理、保护提供实时水文信息。水文监测设施受法律保护，破坏、侵占、损毁水文监测设施的，根据《中华人民共和国防洪法》第六十一条予以处罚。
>
> 二〇一五年十月一日立

颜庄村水文站

时至今日，汶河污染已经得到了有效控制，民众也能自觉爱护周边环境，村容村貌都有了很大改观。不过，河流的治理是一个长期而烦琐的过程，当地饮用汶河水的时代已经一去不返，只能化作记忆永存当地民众的心中了。

(二)有泉

颜庄村由9个自然村组成,其中8个位于汶河西岸,另外1个位于汶河东岸,亦即东泉村。东泉村的得名与靠近历史上的“东泉”相关。此泉位于汶河东岸不远处,又名“湖眼泉”,志书有载“湖眼泉,在颜庄保,离城三十里,通流入汶”[①]。湖眼泉整体呈不规则的椭圆形,南北长100多米,东西宽约80米。据村民介绍,湖眼泉的水特别清澈,水质非常好,尤其适合泡茶喝。湖眼泉还有一个奇妙之处在于,泉眼所在区域都是沙质土壤,即使把水搅得很浑,泉水也能在很短的时间之内变得很清澈,而且泉眼很多,常年汩汩而出,从不干涸。

湖眼泉有3个主要的泉眼,都位于湖眼泉的东北部。夏季雨水充沛,泉眼里喷出的水很高,可以媲美趵突泉。除此之外,村内还有很多小的泉眼,民众取饮用水的地方在离湖眼泉不远的地方,当时人们用石块砌了一个简单的水池方便村民取水。20世纪60年代以前,湖眼泉是东泉村重要的饮用水源和灌溉水源,其余8村的村民,甚至是毗邻颜庄村的三岔沟等村的村民也会前来取水饮用。也正因如此,当时很多村民都喜欢去东泉村推磨,因为去别的村庄推磨要自己挑水,而东泉村泉旺水多,去那里推磨不用自带水。

取水是传统社会民众日常生活中很重要的一件事情,时间一般是在早上或下午,民众挑着水桶去东泉村取水。当地人均每天的用水量有一担,主要用来做饭、饮用等。当然这也要看具体情况:如果是冬天,用水量比较少,人均一桶就可以,夏天用水量大的时候就要一担;同时也要看家中家禽的饲养数量,如果养猪、鸭子等,用水量就会更多。挑水的工作主要是由妇女完成,她们会在取水点以及汶河边上清洗衣物,一般都会提前约好,一边洗衣一边聊天。如此一来,洗衣就成了当地妇女们的一项休闲活动,而取水点也就成了妇女们的休闲场所,她们会在井台旁边传播当地的八卦新闻以及外来的新鲜事,取水回家的路上也不忘停下来聊上一会儿。

传统农业社会时期,水源对地方社会的意义非常重大。东泉村地下处

① 尹承乾主编:《莱芜历代志书集成》,中国图书出版社2009年版,第64页。

处冒泉水，村民因势利导，围绕泉水开凿了很多条错综交叉的水渠，当地人称“海沟子”。这些海沟子将田地包围起来，保护着东泉的土地旱涝保收。因此有人说，东泉的这些洼子地是东泉人的“眼珠子”地，谁家要是有这样的地，意味着他们家收成好、家底厚，儿子找媳妇就不用愁了。为了更好地利用这些泉水，当地民众还在水渠的两边种植了很多“柳子”。柳子喜水，长势很好。这一来可以护堤坝；二来秋天收割后可用来制作簸箕、篼子；自家用不完的还可以卖，也是一笔额外的收入。

湖眼泉还给当地民众带来很多乐趣。湖眼泉主要泉眼所在的地方是个大池塘，池塘里种有荷花，池塘的旁边有一大片芦苇，春天花香阵阵，夏天蛙鸣声声，景色优美，很有意境。尤其是夏天来临之际，民众还可以去池塘游泳。夏季雨季之时，泉水冒得很高，池塘的水深能达到三四米，泉水清凉，民众嬉戏其间。冬天的湖眼泉也不会结冰，反而会因为喷涌的泉水而散发水气，远远看去犹如仙境一般。纵横交错的海沟子内有很多鱼虾螃蟹，去东泉的海沟子里钓鱼、钓虾、钓螃蟹就成为很多民众记忆中很重要的一部分：

> 那时候湖眼泉的水还没被抽，东泉到处都是泉水，那些海沟子里到处都是水，两边的柳子长得很高，海沟子里很凉快。夏天的时候我们就去那里边钓螃蟹，有的时候运气好，能钓到很多螃蟹。把这些螃蟹拿回家，放清水里饿它两天，把脏东西都拉干净，然后放盐，腌好之后用油炸着吃，别提多好吃了。现在都还能想起那一口螃蟹味，一口下去，真是香。[1]

汶河两岸也是民众经常聚集的地方。农闲季节，河沿就会成为当地村民尤其是年长者聚会的场所，他们三三两两地散落在汶河边上，谈论着地里的庄稼，评论着当下发生的时事，畅想着美好的未来。

汶河和湖眼泉不仅对当地民众的生产、生活有非常重要的作用，对当地民众的信仰活动也有很大影响。在靠天吃饭的年代，龙王在老百姓的心里具有至高无上的地位，很多村庄都修建有龙王庙，也都有一系列复杂的、充满敬畏感的求雨仪式。颜庄村有舞龙的传统，每年春节开始舞龙之前，舞龙

---

① 访谈对象：柳立坤，男，东泉村人。访谈时间：2017 年 3 月。

的队伍都要去汶河边“饮龙”，届时要放鞭炮，并在河边表演一番，做一系列让龙饮水的动作，而后才开始正式的表演。在一些干旱年份，民众会举行求雨仪式，春节期间民众也会去井台烧纸祭奠，让井神保佑全家平安。据说在大年初一，井神要向东海龙王述职，详细报告供水、取水情况，因此大年初一不能取水，一般要在年三十那天取足水。如果年初二要取水的话，要带上纸在井台附近祭拜一下。孕妇不能去井里取水，以免冲撞了井神。但据说，怀孕的妇女在夜深人静的时候去井台边转圈，可以改变胎儿的性别。如果怀的是女孩，在井边逆时针转几圈，腹中的胎儿就会变成男孩。

1958年潘西煤矿建立之后，为了解决工厂以及职工的用水问题，就以东泉的湖眼泉为水源地，打井取水。1972年，莱钢又以此为水源地，在湖眼泉的北边和南边分别打了7眼机井，井深平均170米。从此，东泉村的泉水被源源不断地送往潘西煤矿和莱钢。这种过度的开采使用，使东泉村的地下水位一再下降，之前民众取水的水池也因此而干涸，湖眼泉所在的池塘也几近干涸。

1994年，居住在湖眼泉附近的村民在开挖淤泥时，发现一通石碑、一个石墩以及一些黑色的瓦片。石碑高1.3米，宽0.7米。清洗后，石碑上的字迹也显现出来，其正面写着“湖眼泉”三字，左边有文字曰“流入汶河接自旺闸”，右边有文字曰“弘治十四年秋张文渊立”。从这些碑文可知，湖眼泉已经有500余年的历史。清洗好的石碑现放于湖眼泉附近，村民将此碑立在路旁，并用栅栏将其保护起来供民众参观。

湖眼泉碑刻

现在，湖眼泉所在的池塘已被本村村民承包，用来种植莲藕，池塘周边杂草丛生，这眼曾经汩汩而出的甘泉已经不复之前的面貌。村民每谈及此，都会在脑中重现东泉处处冒泉水的情形，而且还会补充上这样一句："如果现在停止抽水，湖眼泉一定还会恢复之前的样子的。"

临近汶河，但是汶河的水被污染；有甘甜的湖眼泉，但是湖眼泉的水被抽取，目前几近干涸；有质量较好的地下水，但是由于煤炭开采，颜庄村及周边村庄地下已经无法打井。就这样，颜庄村村民喝水成了问题。因此，走亲戚的时候挑一担水就成了一份厚重的礼品，也就有了村民挑着水走亲戚的现象。

距离颜庄村不远有一座棋山，那里水资源丰富，水质优良。颜庄村及周边村庄的民众自此开始了饮用棋山水的历史。刚开始的时候，一桶水只卖1～2 毛钱，现在每桶涨到 1.5 元。20 世纪八九十年代，在颜庄村及周边村庄卖水的主要是一些棋山地区的民众，后来随着水需求量的增大，本村人也开始将卖水当成一种赚钱的渠道。如一卖水的村民所讲：

> 我是 5 年前开始卖水的。我去棋山那边拉水，来回一趟要差不多 3 个小时，把这一车水卖出去也要 3 个小时，一天最多卖 2 车。从棋山买一车水 20 块钱，能装 150 桶左右，每桶卖 1.5 元，这样算下来是赚不少。但是，我们卖水主要做的是熟人的生意，因此很多时候有个零头就不要了，买得多的还要让一桶，要送货上门，要给人家倒进缸里，再刨去油钱啥的，这样算下来就挣得不多了。[①]

① 应访谈对象要求此处匿名：男，天和村人。访谈时间：2017 年 3 月。

第二章

经济与贸易

莱芜历来以钢铁冶炼业闻名于世，下辖的钢城区更是“以钢立区”，尤其三线建设时期莱钢集团的成立，对钢城区的发展有非常积极的推动作用。颜庄村位于钢城腹地，当地民众在从事传统生计的同时，也多从事钢铁及相关工作。当地民众的工作机会较其他地方更多，民众生活更为富裕，集市贸易也更为活跃。

一、钢铁资源丰富

莱芜地区煤铁资源丰富，境内有汶河等水资源。历史上，莱芜一直以钢铁冶炼技术闻名于世，是全国的冶炼重心之一。莱芜地区生产的钢铁产量高，质量好，受到当时政府的重视，历代在此地多设置相关机构进行监管。20 世纪 60 年代以来，政府更是举一省之力建设莱钢，莱钢也一跃成为全省有名的钢铁冶炼重心。发达的冶炼业需要大量的劳动力，这对于地少人多、资源紧张的颜庄村村民来说是一个巨大的资源优势。几乎每家每户都至少有一人在钢铁企业上班，民众甚至开玩笑说“颜庄人牙硬，靠钢吃钢”。调查中发现，钢铁

企业不仅是钢城区的标志性文化，对当地民众的生产和生活也都产生了重要的影响。经过几千年沉淀的钢铁文化已经镌刻进民众记忆的深处。

(一)“靠钢吃钢”

莱芜以后起之秀闻名于区域社会，20 世纪 90 年代以来成功升级为地级市，成为山东省新兴的工业之城，展现出了强劲的发展势头。另外，莱芜还以其历史悠久、文化深厚闻名于齐鲁大地，“长勺之战”“莱芜战役”都发生在境内，齐长城遗址、汶阳遗址至今犹存。莱芜更以成熟的冶炼术、悠久的冶炼历史而闻名于全国，境内发现多处冶铜、冶铁遗址。莱芜又名“钢城”。顾名思义，钢铁是莱芜的龙头企业。当地有俗语云：“莱钢打喷嚏，莱芜就感冒。”由此可以看出莱芜对钢铁企业依赖程度相当高。莱芜的钢铁文化源远流长，时至今日，莱芜境内的主要企业仍然是钢铁，莱芜地区的民众，尤其是钢城区民众的经济收入来源绝大部分仍然与钢铁相关，民众“靠钢吃钢”的现象非常突出。

莱芜冶炼业技术的发达，与以下几个方面的原因分不开：(1)莱芜地处山东省的中部地区，地层发育比较齐全，而且岩浆活动非常强烈，有着良好的成矿条件，地下矿产资源非常丰富。目前为止，境内已经发现 55 种矿产，其中探明储量的高达 22 种，铁煤尤为著名，铁矿也是当地的优势资源，而且矿石含铁量高，回收率高，冶炼性能良好，这就为莱芜冶铁业的发展奠定了坚实的基础。(2)莱芜位于汶水流域，曾经这里水草丰美，土地十分肥沃，是人类繁衍生息的理想之地。尽管历史上历经无数的灾难，但每一次劫难过后都能迅速恢复经济，大部分时期都保持着高密度的人口，这就为冶铁业的发展提供了充足的劳力资源。(3)嬴汶河、牟汶河流经莱芜地区，丰富的水源在为冶铁业提供足够动力的同时，也便于矿石、燃料以及铁制品的运输。前述条件都对莱芜冶铁业的发展起着非常积极的作用，因此其冶铁业相较于其他地区起步更早，技术更为成熟。这从莱芜考古发掘出来的多处遗址，比如北辛文化遗址、龙山遗址、大汶河遗址等也可以得到证实。据相关的考古资料表明，至少在大汶口文化时期，当地的民众就已经非常熟练地掌握了陶器烧制的相关技术，并积累了非常丰富的用火技术，这就为之后的冶炼技术奠定了良好的基础。莱芜境内吕祖洞遗址中发现的铜冶锈斑以及一些青铜器具，表明了至少在商代时期，莱芜地区的民众已经掌握了非常成熟的青铜冶炼、铸造技术。

随着冶铜技术的进一步发展，人们的冶金技术水平也随之得到了较大的提升，而至迟到了春秋时期，当时的冶铁技术就已经萌芽并得到了初步的发展。考古发掘中也发现了春秋时期的冶铁遗址，分布在境内的大王庄镇、方下镇、辛庄镇等处。这些遗址表明，莱芜的冶铁技术在春秋时期就已经比较成熟，并且境内的冶铁业也已经形成了一定规模。

发达的冶铁业引起了历朝历代政府的高度重视。汉武帝时期实行盐铁官营制度，在全国设立了 49 位盐官，其中有一处就设置在当时的嬴城，即今莱芜市羊里镇城子县村。莱芜在汉代以“嬴铁”闻名，当时的嬴铁不仅可以满足境内生产以及军事的需求，还可以同时供应相邻地区。至唐代，莱芜的冶铁业发展更为迅速，当时莱芜“铁冶十三，铜冶十八，铜坑四。有锡”①，而且“铜铁并举……为当时全国罕见”②。在宋代，莱芜的冶铁业得到进一步发展，官府专门在莱芜设置莱芜监，其职责即是监管矿冶生产。据曹元宇的《中国化学史话》的记载：北宋初年，当时全国有冶铁区 201 处，而莱芜监管辖之下的就有 18 所，参与冶铁的工人更是多达 1800 多人。至元代，莱芜冶铁业的发展已经达到一个高峰期，莱芜成为当时全国闻名的冶铁中心，朝廷先后在莱芜设置铁冶都提举司，官居五品，之后更是将当时的元固监、富国监归入旗下，并更名为济南莱芜等处铁冶都提举司，官居四品，管辖范围之内有冶户 5000 多家。莱芜的冶铁业由此进入发展的鼎盛期。

及至明朝，虽然冶铁中心有所南移，但莱芜依然是当时全国重要的冶铁中心。据《续修莱芜县志》中的记载，明代在全国设置冶铁所共 13 处，当时在莱芜就有 1 处，即莱芜冶铁所。据史载：“明代矿冶业因政府限制某些矿藏

---

① （宋）欧阳修：《新唐书》卷三八《地理志》，中华书局 1975 年版，第 996 页。
② 安作璋：《山东通史》，人民出版社 2009 年版，第 7 页。

的开采,不甚发达。但山东产铁3152187斤,占全国铁产量的17%,居全国第3位。其中以济南莱芜铁冶所最著名,年产铁720000斤。"[①]清代矿民动辄"聚众几万至十余万,强梁争竞"[②]。清政府为了维护社会稳定,多次实行矿禁,此举引发一系列不良反应,官方以及民间也都因此不再重视冶炼术,冶炼技术在很长的一段时期内水平提升很慢。尽管如此,莱芜的冶铁业依然在全国冶铁业中占有一席之地,清代莱芜境内开采的"铜矿有7处,铁矿有2处,银矿、锡矿等有5处,冶铸遗址有4处"[③]。但是后来在洋务运动中,政府大量引进外国的钢铁,对本土的冶铁业造成了极大的冲击。至清朝晚期,只有少量的服务于农业生产的作坊还继续运营,规模较大的一些采矿业、冶铁业经营惨淡,莱芜的冶铁业也不复往日的辉煌。

综上来看,莱芜的冶铁业始自春秋,经久不衰,在我国的冶铁业史上长期占据中心位置,钢铁文化已经渗透到当地民众日常生活的方方面面。为此,市政府于2010年修建了中国莱芜钢铁博物馆,全面展示了莱芜的钢铁冶炼史,意义十分重大。

现在以钢铁闻名的钢城区在历史上也是重要的冶铁重镇,1982年在境内银山村考古发掘出了唐代铁矿遗址,当年的铁矿就曾设于此处。铁矿局里边挖掘有很多大洞,洞内面积很大,可同时容纳两三千人,用以战乱时期民众在洞内避乱。在铁矿的北方还有几个竖井,东面还有金矿和银矿厂。在遗址的周边地区,发现了大量采矿以及冶炼时留下的矿渣和矿石堆等,还发掘出了铁钎、铁锤等冶炼器具,是目前山东省已经发现的规模最大的冶铁遗址之一。可以这样说,至迟2000多年前,莱芜钢城地区开矿冶炼的技术就已经非常成熟,而且引起了当时政府的重视。

中华人民共和国成立后,国家经济文化事业百废待兴,尤其是重工业发展还比较落后。发展重工业,尤其是钢铁产业就成为一项非常紧迫的任务。山东作为京津地区的门户,交通四通八达,其中钢城区地处鲁中腹地,山区

---

① 中共山东省委研究室主编:《山东省情》,山东人民出版社1986年版,第675页。
② 《清圣祖实录选辑》,(台湾)大通书局1979年印行,第149页。
③ 宋继荣主编:《莱芜市文物志》,华文出版社2004年版,第30页。

面积广大，隐蔽性好；有丰富的矿产资源，冶炼经验丰富，钢材生产的基础比较好；临近汶河，水资源丰富；境内铁路、公路发达，离济南机场也比较近；莱芜又是革命老区，群众基础非常好。在此背景下，当时的中共华东局书记经过慎重考虑，决定在山东的泰沂山区建立一座小型的特钢厂，以解决当地军工生产的钢材问题。1967年，山东省的相关领导在向周总理汇报工作时，提到了建设莱钢的问题。1968年，中共中央根据当时的形势需要，明确指示山东要集中主要的力量，提升莱芜钢铁企业的建设速度。1969年10月，山东省革委会以及济南军区党委的主要领导通过讨论一致决定：在莱芜地区现有三座钢铁企业的基础上，集中力量在莱芜钢城地区建设一座中型的钢铁联合企业，并将其作为当时的三线建设项目，集全省之力以会战的方式突击加速建设。

随后的一个月内，山东省成立了莱钢工程指挥中心，开始进入前期的准备工作。1970年1月，莱钢建设大会战正式开始。至此，莱芜钢铁企业在经历了短暂的衰败之后又重启新的征程，钢城区的发展也因此掀开了新的篇章。之后，鲁中冶金矿业、泰山钢铁、山东煤矿机械、九羊集团、汇金集团等一大批钢铁企业也都建成并迅速投入生产。几十年以来，钢铁企业有了迅猛的发展，并成为莱芜的支柱产业，莱芜财政税收中的大部分来源于当地的钢铁企业。莱芜已经成为钢铁依赖型城市，钢城区更是如此。

钢城区长期以钢铁工业作为支柱产业，钢铁业“一业独大”，在钢铁价格出现波动的时候，很容易出现“一荣俱荣，一损俱损”的情况。尤其自2008年世界金融危机以后，钢铁价格持续低迷，区域经济总量中钢铁的贡献率已经从之前的80%跌至30%。而与此同时，由于长期的冶炼和煤铁的开采，当地已经出现煤渣成山、煤铁储量急剧下降等严重问题。现在，钢城区的环境污染问题相当突出，其发展面临非常严峻的困难。

为了解决钢城的发展问题，近些年钢城区开始进行产业转型，注重传统产业的创新工作，大力扶持了一批高端技术产业，同时充分发挥区位优势，深度治理环境污染，努力打造“绿色钢城”“养生钢城”。这座以钢铁文明的小城，曾经“炉火照天地，红星乱紫烟”，在历史发展长河中稳占冶铁重心的

位置，如今更是秉承生态建设等绿色理念，以产业转型为契机，再次开创新的局面。

(二)“靠钢爱钢”

成熟的钢铁业给颜庄村村民带来了源源不断的工作机会，村中的青壮年因此可以就近在工厂、企业找到一份收入颇丰的工作，孩子、父母也因此避免成为留守儿童、留守老人。钢铁业在为村庄解决就业问题的同时，更是为村庄守住了一份无比珍贵的天伦之乐、脉脉温情，就像当地一位老人说的那样：“没有莱钢，就没有现在人气这么旺盛的颜庄。”

> 俗话说“靠山吃山，靠水吃水”。那我们靠钢肯定要吃钢。我们村的劳力大部分都在钢铁行业上班，或者至少是在那些地方上过班，谁家还不了解点钢铁知识？当然，这个行业是真累，要不然这叫“重”工业？假如整天轻轻松松，就成轻工业了。比如说，前几天我在工厂里垒那个盛铁汁子的池子，大夏天的需要穿着厚厚的防护服，还得戴上头盔，要不然人家看见就得罚200块钱，两天活就白干了。但是累归累，力气又没有攒下的。老百姓不干这个想干啥呢？再说钢铁行业真的赚钱。在市区一个月也就挣一两千块，但是在我们这儿每个月都能拿到3000多块。[①]

不过，从事“重工业”的都是男人，妇女们很少会去干这个活；即使赚相同的钱，很多男人也会选择更累的钢铁行业，而不去干一些轻松的“轻工业”，因为在当地男人看来，那些都是“娘们活”，干那种工作没劲儿，会被其他男人取笑。

对当地民众来说，莱钢与颜庄村不仅有着深厚的地缘关系，更有着不能分割的血缘关系。在几十年的发展中，颜庄村已经与莱钢血浓于水、命运相连了：他们的日常生活与钢铁密不可分；很多人将钢铁类专业作为自己大学期间主攻的专业；莱钢等企业的占地对一个家庭的未来发展有着非常重要的影响。

---

① 访谈对象：李沛庆，男，颜庄村人。访谈时间：2017年3月。

莱钢及境内其他企业在给颜庄村村民带来丰厚的收入以外，也使当地的适龄男子在婚姻市场上占据有利的位置，其他地区的女子也更愿意嫁到颜庄村来。如有的村民讲：

从事这个工作的好处就是，很多时候你可以顺便捎带一些破铜烂铁回家，赶上钢铁价格好的时候，都能够一家人每天的吃食。你别看这些都是小钱，时间长了，就可以省下一大笔开销。再有就是平时用的一些铁丝、小铁板什么的，基本不用买，这些小东西家里一般不缺。我们整天跟这些钢铁打交道，很多时候家里的车啊门啊什么的坏了，自己也能舞弄一把。①

与轻工业或者农业相比，重工业的利润更大，员工福利待遇更好，日常花销较大，生活水平更高。村民武玉春说：

我们这个村大，各家富裕一些。这一天煮这一大锅肴肉，现在每天早早地就卖完，这要是放在以前或者别的村庄是根本不可能的。还有那些卖豆腐的，有的时候从大街这头都用不着走到大街的那头，豆腐就被卖光了，要是逢年过节更不得了，光是那些预订的你就做不完。②

调查中发现，传统社会很多家庭习惯做一个菜，或炖或炒，外加一份咸菜，但是现在民众已经习惯做至少两个菜，一些新菜品也正在走上民众的饭桌。这也从一个侧面显示出村民的生活水平在逐步提高。

由于手头比较富余，民众在人际关系处理方面就显得更为大方、得体，日常的人情往来方面的花费也相应更高些。周边的村庄，比如三岔沟、唐家宅村、澜头村等逢家中来客，一般都在家中待客，很少去饭店用餐，贵客亦如此。而很多颜庄人遇到贵客迎门，是一定要去镇上的酒店摆一桌的。颜庄村婚丧嫁娶的份子钱也相应高一些，现在通常都是200元起价，如果关系非常亲近，还会将之提到400～1000元。

钢铁及相关企业的发展既影响着村民的家庭收入，也对村里年轻人未

① 应访谈对象要求此处匿名：朱某，男，颜庄村人。访谈时间：2017年3月。
② 访谈对象：武玉春，男，颜庄村人。访谈时间：2017年3月。

来的发展有非常重要的影响，表现主要有二：一是就业选择。村里的很多学生在高考选择专业的时候倾向于选择钢铁类专业，尤其是一些大专及职业技校类的学生，专攻此类专业更容易进入附近的钢铁企业，为未来谋得一个不错的出路。二是占用资源补偿。厂矿企业在发展的过程中为满足规模扩大的需要，经常要占到村民的房屋、土地及其他资源，需要给予民众相应的赔偿。比如莱钢、潘西煤矿用了东泉的地下水，作为交换，东泉村的人用电就不用缴费，这就为村民节省了一笔不小的开支。而如果占到自己家的房屋，给的赔偿就更高了。邻近颜庄村的三岔沟村的一位村民说，莱钢扩建占到了他们家的房子，这对他们来说是一件大喜事，因为这意味着他们不仅不用再为儿子的婚房担心，还可以多得一套房子，以后卖掉或者租出去都是一笔可观的收入，对他们老年之后的生活都是一个很好的保障。

钢铁及相关重工企业的存在，为当地村民带来了实实在在的好处，不仅解决了他们的就业问题，而且因单位离家相对很近，家中老小也可以照顾得到，村庄呈现出一幅“幼有所教，老有所养”的温情画面。村中那些喜欢出去闯荡的年轻人也没有后顾之忧，因为无论何时回来，总可以找得到一份养家糊口的工作。对他们而言，村庄始终是一处可以值得安放青春的地方。

(三)“靠钢怕钢”

由于钢铁行业是重工业，很多时候也难免会发生一些事故，出现人员伤亡的情况。由于长期从事煤炭开采等重工业生产工作，身体长期受到粉尘(比如煤尘、烟尘等)、毒物(铅、汞、三硝甲基苯等)、有毒气体(一氧化碳、氧化氮、氧化硫等)以及不利的气象条件(阴暗潮湿、气温偏低或过高等)的侵蚀，很多村民患上了严重的职业病，如煤工尘肺病、矽肺病、放射性疾病、听力下降、皮肤病等；经常下井的工人还容易患比如风湿以及类风湿、关节炎、胃病、鼻炎、咽炎等，民众的致残率也要稍微高些。因此，当地民众对莱钢及相关的重工企业表现出既爱又怕的复杂感情。在日常生活中，当地也有一些与之相关的信仰、禁忌。比如，逢年过节多给平安老爷烧些纸钱，让他保佑全家平安；家中有人在煤矿上班，尤其是需要下井的，民众逢初一、十五也会

去庙宇中烧香；因老婆与“老破”同音，所以老婆不能随便跑进矿区或者矿井；春节期间，要少说“破”“塌”等字眼，要用意思相近的词语代替；等等。

由于常年开采煤铁等资源，钢城区地下大部分都是空的，部分民众的房屋也出现轻微的倾斜甚至裂缝的情况。有些时候厂矿企业在地下放炮，地面也会有震感。当地民众戏称：“我们才是真正的沿海：平时漂在海上，一旦地震掉进海里，你跑？你就是海洋的中心，你往哪儿跑？还是家里备下几个游泳圈更靠谱。”

二、“颜庄少闲人”

很多时候，学界一部分人仍以一种审视的眼光去打量村落社会与乡土文化，带着强烈的问题导向去研究乡村。在他们的观念里，农民、农村是急需被“拯救”的对象，他们则扮演着“替乡村发声，为农民代言”的角色。正如赵旭东所分析的，这些被称为“病症”的特征，也许在某些村民身上有所显露，但绝不是在每个农民身上都会发生这类“疾患”。然而，不幸的是，这些带有明显污名化倾向的定论，却深深地影响着那些没有去过乡村、对乡村人并不了解的城里人的思维。在他们看来，乡村及农民理所当然地成为一个需要被拯救的病态群体。[①] 事实上，村落秩序具有很强的自洽性。换言之，村落生活与村落共同体的稳定与否，更多的是取决于农民的选择。农民是一个有着“道义经济”同时又不乏“经济理性”的个体，民众会自觉地根据自身、家庭以及村庄各种复杂的资本和关系，作出最利于自身的“算计”，以维持家庭的日常生活和他们在村庄的威望。村民的生计模式与变迁更多时候不是迫于政府及其他各方强势力量的被动改变，而是孕育在特定的自然历史环境与社会文化氛围中的，基于自身的生存、生活需要而作出的一种最利于自身发展的选择。颜庄村人也不例外，他们会根据自然历史环境的变化

① 参见赵旭东：《本土异域间——人类学研究中的自我、文化与他者》，北京大学出版社2011年版，第133页。

随时改变自己的生计模式，传承传统的精髓，同时也积极接纳现代化的生计模式，实现多元化发展，最终实现个人与家庭的共赢。

（一）农耕

中国社会本身具有浓郁的乡土气息，不管是传统的农耕社会，还是充斥着各种现代化符号的当下，农民始终都与土地有一种天然的情感。随着现代化的强力渗入，颜庄村的一部分民众已经不再从事农业生产，乡村社会的性质也在慢慢改变，而且与周边村落相比，颜庄村的城镇化程度相对较高。即便如此，村庄依然保留其乡土性特征，并没有完全实现城镇化，一些传统社会的生计模式和生活方式依然随处可见。如村民所说：

> 我们搬进楼房已经有五年的时间了，但是直到现在还没有习惯。特别是刚搬进去的那段时间，我老是感觉自己被困在笼子里，晚上憋得我连觉都睡不着，过了几个月才慢慢好起来。我还是觉得以前住平房的时候自由、舒服。①

调查过程中，常见村民在楼下烧柴烧水、做饭，甚至有些还在两栋楼之间的空地上摊煎饼，烧开水，做好饭后就让家人用绳子拴着食物提到楼上。

历史上，颜庄村周边分散有很多农田，民众还给这些田地都取了名字，比如“东洼地”“老虎岭”“南岭”“长湾”“长埠岭”“东庄子”“李子园”“三角地”“棺材地”②等。传统社会中村庄的人口数远远没有现在多，有些小村的人均土地高达几亩，农耕成为当地重要的生计模式。主要的种植作物有谷子、玉米、高粱、地瓜、花生、黄豆、南瓜等等。因为临近颜庄大集，民众也会种植一些经济作物，比如棉花、烟叶、芝麻、柳子等。虽然过去不时有土匪骚扰，总体来说，民众的生活还算平静，农业生产活动也较为顺利。

抗日战争全面爆发后，因其优越的自然地理环境，颜庄村迅速被日军占据，村庄的农业生活遭到很大破坏。中华人民共和国成立之后，颜庄村村民

① 应访谈对象要求此处匿名：女，颜庄村人。访谈时间：2017 年 3 月。

② 因田地形似棺材而得名，在今镇政府前边。

进行了“打土豪，分田地”运动，每家每户除了分到田地之外，还分到了一些农具。1949～1958年，里辛镇、颜庄镇、艾山街道办事处的部分下辖区域合并为“颜庄区”。1954年秋，在中央以及区委相关领导的倡导和发动下，全区很快就迎来了合作社自愿报名的高潮，并赶在当年小麦播种前一个月，全区就成立了61个农业生产合作社。农业生产合作社实行的是土地入股分红制度，采用土地评级定产、所有土地均由合作社统一调配给各生产队种植经营、合作社统一规划管理、民主方式评定工分等的管理方式。成立之初，合作社一穷二白，大部分农具、材料和钱财都是社员们主动凑的，就是靠着广大社员们群策群力、艰苦奋斗。1955年，合作社的小麦收成比平时增产1～2成，这就极大地调动了当地农民入社的积极性。

颜庄村自然也不甘落后。1954年冬，颜庄区委领导作出了在颜庄乐善村成立农业合作社试点的决定。1955年的农历二月初二，颜庄乐善村成立了乐善农业生产合作社，这是颜庄村的第一个农业生产合作社。当时，乐善村只有32户人家，有2/3的人家是贫雇农，其中的16户积极入社。当时合作社实行的是“入社自愿，出社自由，统筹兼顾”的方针，对入社的农户要求其只留下1分左右的“自留地”，用以种菜，剩余的全部入社，并依据土地好坏、多少按股分粮食，大型的农具也全部统一入社分配使用。[①]

乐善农业合作社成立之初，也是面临一穷二白的境况。但是，社员们主动投钱出力，一部分民众主动贡献出自己家的余钱。在节流的同时，合作社还积极开源，兴建了石灰窑。烧制的石灰由于质量较好，秋后卖了好价钱，合作社利用这笔钱买了两头黄牛，大大节省了劳力，在当时引起了很大的反响。经过一年的艰苦奋斗，乐善农业合作社取得了很大的成功，年终分红时，民众发现这一年的粮食产量比之前各家各户单干的时候提高了三成左右，而且一个壮劳力一年到头还能分到二三十块钱。这些看得见的好处反过来又极大地提高了农民的积极性，更多的农户主动要入社，农业生产合作

① 参见王锡孔：《颜庄区第一个农业生产合作社》，载政协莱芜市钢城区委员会编：《钢城文史》第2辑，莱芜市印刷二厂2001年印制，第112～116页。

化的高潮也因此到来。

1956 年，莱芜县委下发了关于成立高级合作社的相关文件，要求当时创办合作社较有成效的 4 个区（包括颜庄、鲁西、水北、常庄）进行转社和并社的工作，颜庄村隶属颜庄社。1956 年春，颜庄区初级农业生产合作社正式转为颜庄高级农业合作社。高级合作社的规模更大，经营范围也更为广泛。这一时期，社员们干劲十足，大伙兴修水利，扩大了水浇地的面积，为下一年小麦丰收打下了良好的基础。两年之后，撤区并乡，颜庄村隶属颜庄乡。是年秋天成立了人民公社，高级社至此结束其历史使命，颜庄村从此之后隶属颜庄人民公社。

直至 20 世纪 80 年代初期，开始实行家庭联产承包责任制，分田到户，这极大地调动了村民生产的积极性。而之后，随着周边企业陆续占地，村庄可用于耕作的土地越来越少，农耕开始退居边缘位置，目前农作物主要有小麦、玉米、花生。小麦主要种在村庄的水浇地里，日常村民对其管理也不是很精细，一旦遭遇旱天，小麦受灾就非常严重。

晾晒玉米

跟之前不同的是，现在很多人种植玉米很少自己食用，收回来之后直接在楼下剥皮脱粒装袋子，然后卖掉。而种的花生大部分都是自家打油吃，很

少拿到市场上出售了。如村民所讲：

> 每家就分那么一点儿地，不够支经（费事）的。现在很多人家都已经不想种地了。我现在在家看孙子，顺带着种一些，主要是自己家的不打药，吃着放心。除此之外，我还用着邻居家的地，每年打几百斤的花生，打成花生油，自己家吃一些，给孩子们留一些。①

（二）经营

颜庄村地处区域社会的交通枢纽位置，本身又是颜庄大集的所在地，所以当地民众自古有经商的传统。颜庄大街两旁很早就有各种店铺，比如酒坊、肉铺、饭店、旅店、油坊、理发铺、粮食、火烧铺、羊汤馆等等，不仅能满足本村民众的需要，而且在周边村落也比较有名，消费市场大。最近几年，颜庄村开始兴建超市、比如位于国道边上的十八乐超市以及营昊超市、位于颜庄大街的颜庄诚信超市等，为民众生活提供了便利。一位邻近颜庄村的三岔沟村的民众这样说：

营昊超市

> 我们村自己也有一些小卖部，但我们习惯来颜庄大街买。其实价钱都一样，我们村的还近，但是想买东西的时候一抬脚就来颜庄了，估计是走顺路了。后来，我们村的小卖部就经营不下去了，也就关门了。

① 访谈对象：张正文妻子，颜庄村人。访谈时间：2017 年 3 月。

这么一来，我们就是不想来这也得来了。[1]

此实例也从侧面反映了颜庄村村民具有良好的经营理念与服务意识。除此之外，颜庄村还从2009年开始策划做“颜庄民俗一条街”，并于2013年正式建成开放。颜庄村村委会主任谭乐群详细介绍说：

2013年4月29日，作为“颜庄民俗一条街”标志性建筑的南、北城阁重建落成；与此同时，“颜庄民俗一条街”正式投入使用。“颜庄民俗一条街”项目是滨河集中居住区重要的商贸设施。该项目立足于颜庄大集的商贸优势，由苏州大学设计院按照明清之际此处原有的民俗建筑进行复古规划设计。项目总规划面积72亩，由城镇建设开发公司进行市场化运作，预计总投资1亿元，拆除现有住房158户，建设复古商铺5万平方米。

“颜庄民俗一条街”的建成，将吸纳商铺200户左右，对繁荣镇域内的物流商贸，带活乡村经济，服务地方民众等方面都将发挥重要的作用。

（三）打工

相比于周边村落，颜庄村的城镇化水平更高，民众的市场意识更强。尽管如此，当地还是保留了相当大一部分“熟人关系”网络。在这个网络中，民众要想获得更多的利益和村庄权威，在算计个人得失的同时，还要给别人适当的帮助，如此一来就很容易形成就业的趋同效应。这一点在村庄外出打工人员方面体现得更为明显。调查中发现，很多民众都是以“亲戚带亲戚，朋友带朋友，村民带村民”的方式外出打工；近些年出国去韩国、日本的打工者很多，在国内则多去山东、浙江、江苏等一些沿海地区，去北京、天津的也比较多。

当然，也有很大一部分民众选择了就近择业。钢城区境内的厂矿企业是男性村民的就业首选。钢城以钢兴区，境内企业众多，对解决当地劳动力就业问题作用非常大，村内随处可见各种招工广告。

女性村民的就业首选是村内及钢城区的一些轻工企业，尤其是村内的

[1] 应访谈对象要求此处匿名：胡某，男，三岔沟人。访谈时间：2017年3月。

一些个体企业。这些企业一般采取计件工资的方式,妇女们可以灵活安排自己的工作时间,既不耽误家庭的事情,还能挣得一份工资贴补家用。如此一来,就出现了很多人口中的“颜庄少闲人”的现象。

除此之外,颜庄村还有很多手艺人,比如下文中会有所提及的杨家制锡业,李家的银炉业,东泉村的手工编织工艺,以及裁缝、理发匠、木匠、糕点师等等。颜庄村本身村大人多,民众对此类手工艺的需求更为旺盛,而且临近颜庄大集,周边很多村庄的村民也会来此消费,这也促进了当地手工艺的繁荣,对提高村民的家庭收入及促进村庄经济的发展都有着积极的作用。

三、颜庄大集赶三天

长期以来,广大农村地区都处于自给自足的状态,人们往往通过集市实现物品的交换与流通,虽然也时有一些流动摊贩和叫卖者出现,但总体来说,集市在民众的日常生活中起了非常重要的作用。随着生产力的发展,物资进一步丰富,商品交换频率更高,集市的规模与数量均有所发展,并逐渐形成了一些比较有名的集市,这些集市有固定的时间和地点,成为周边区域民众重要的物资交流场所。颜庄村人口众多,处于交通枢纽位置,利于货品运输,而且其本身商号、商铺以及手工作坊比较多,非常利于设集,也一直是区域社会中有名的大集。

(一)颜庄集赶三天

颜庄集历史悠久,但建于何年何月,并无相关历史记载。在明人陈甘雨的《莱芜县志》卷二《地理·市集》有云:“颜庄集,县东南三十里,斗称十二名,五、十日期。”[①]彼时,村庄内的几大姓氏也刚刚由河北枣强和山西大槐树搬迁至此,这说明在此之前颜村乃至颜庄地区的商品经济就已经相对活跃。至清代,莱芜境内有记载的大集共有 5 处,颜庄大集就是其中

① 转引自尹承乾主编:《莱芜历代志书集成》,中国图书出版社 2009 年版,第 23 页。

1处；但当时政府明文规定盐铁官营，禁止民间插手盐铁生意，当时的官府、经纪、牙行开始涉足乡村集市，集市逐渐被他们把持，市场秩序遭到一定程度的破坏。民国时期，境内有名的集市数目发展到11处，颜庄集依然稳居莱芜八大集之一。[①] 据《续修莱芜县志》记载："颜庄位于莱城东南14公里，东临汶河，磁莱铁路及博（山）徐（州）公路均经此设站，为莱芜东部之重镇。农历五、十逢集。"[②]这一时期，国民党政府经常在此一带巧取豪夺，土匪以及各种黑恶势力横行乡里，这些都严重地扰乱了颜庄大集正常的经营秩序；抗战时期更是如此，当地日伪军无恶不作，境内设置多处关卡，物资流通渠道受阻，民众生活也更为困窘，物品交易频率急剧下降，颜庄大集曾一度严重萧条。中华人民共和国成立之后，政府非常重视当地的集市贸易，对之前的赢利性经纪人进行彻底整改，严厉打击一些投机倒把行为，重新恢复了原有的市集秩序。在政府和民众的努力下，颜庄大集一改昔日的颓败之象，再一次呈现出欣欣向荣的繁荣景象。

颜庄大集

① 莱芜农村八大集通常是指：口镇集、颜庄集、茶业口集、鲁西集、寨里集、牛泉集、苗山集、辛庄集。

② 李钟豫修、亓因培等：《续修莱芜县志》，济南善成印务局1935年版，第51页。

改革开放之后，随着当地经济的发展，区域内物品日益丰富，加之交通的便利，颜庄大集由此进入了一个崭新的发展时期。现在的颜庄集位于颜庄村铁板桥至北阁子的南北大街及相连的三条胡同内，长 300 米左右；摊位上百个，其中分布着活禽市场、日常百货、农具、水果、熟食、新鲜蔬菜、衣裤鞋子、油、茶、鱼等等，商品种类极为丰富。周边几十个村庄，甚至新泰、蒙阴、济南、淄博等地的生意人都前来赶集。也正因为如此，颜庄集历来就有开集早、闭市晚、货品销量大的特点。在交通不便的年代，民众赶集需要走路，周边村庄的民众一般很早就要起床赶路，而一些远处的客商更是天不亮就要出发。每逢颜庄大集，在各条通往颜庄村的大道上，很早就可以看到熙熙攘攘的人群。他们或拖家带口，或满载各种货物，直奔颜庄大集而来。

颜庄大集上各种货物的大致区域有所区分，而且相对固定，但是每个区域之内的摊点流动性非常强，好的摊位一般需要提前占据，后到的就只能在一些位置稍差的摊点。因此，很多客商都需要提前赶来占位。一些距离远的摊主甚至在前一天就赶到，冬天他们会在旁边的旅店过夜，春秋季节就临时在大街上搭建简易的棚子过夜，待天明早起，及时占据最有利的摊点。这一部分摊主往往要提前一天就出发，集市当日来不及撤走，只能第三天一早返回，因此当地有“颜庄集赶三天”的说法，由此也催生了两种职业：开旅店、占摊。

第一是旅店业。颜庄集辐射范围较大，周边县市的客商都前来卖货。而为了占据更好的摊点，他们需要提前一天出发。最开始的时候，村里没有较为正规的旅店，一些客商自己主动上门找户人家过夜，客商会给主人一些钱财或相应的货物作为回报，一些家中房屋较多的人家也会主动邀请客商住宿。随着越来越多的客商开始在此聚集，一部分临街村民就有了开旅店的想法。旧时，颜庄大街上有两家旅店，分别是村庄南头天和村的李家旅店与村北头的张家店子。村民张正文回忆道：

我家祖上以前就是开旅店的，开旅店的位置就是现在大街上张家店子那一块。那时候这里没有超市，去市区购物也不方便，有什么需要的东西就去集上买。以前的颜庄集比现在要大、要热闹。很多远处的

客商都来这赶集，他们当中很多人都住在我们家开的店里。听我爷爷说，我们家那时候每逢集市都会住很多人；要是逢年集，店里根本就住不开，很多客商都要预订才可以。那时候我们这个大街上就只有我们张家店子和村南的李家店，周边县市很多的客商都在我们这住过，一来二往的，最后还跟很多客商成了好朋友。反正我们这旅店在当时还是挺有名气的，"张家店子"这名字就是那时候叫开的，一直到现在都还在用。①

随着现代交通工具的日益便捷以及超市的普及，民众出门购物的选择越来越多，一部分外地客商已经不热衷于赶颜庄集；即使来赶集，当天也能往返。因此，当地的旅店也早就消失不见，但是"张家店子"的叫法却一直延续了下来。

摊主们在摆摊

第二是占摊。一个好的摊位对生意的影响非常大，因此很多摊主都想占据最有利的位置。但是好的摊位有限，并不是每个摊主都能如心所愿，一

① 访谈对象：张正文，男，颜庄村人。访谈时间：2017 年 3 月。

些因事或者距离遥远不能提前赶到的客商就只能在一些不起眼的位置卖货。这时，客商就会请一些临街的村民帮忙占摊位，客商给一些钱或货物作为报酬。20世纪80年代，占一个摊位要2毛钱左右，90年代的时候一个普通的摊位要2块钱左右，一些好的摊位则会涨到几块钱。通常在大集的前一天，靠街民众就会在自己家门前用谷秸、玉米秸、高粱秸等农村常见而且较长的东西占摊。为了防止被风刮走，还要在上边压上一块石头或者土块等，其他的人看到就知道这个摊位已经被别人占了，就再去寻找其他的摊位。如果客商“买了”这个摊位，那么赶集期间就可以去占摊位的主人家喝水，也可以上厕所。尤其是冬天，主人家会早早备好充裕的热水，如果主客关系较好，有些主人家还会为客商准备饭菜。也正是因为如此，颜庄村成为周边村庄及客商眼中的“风水宝地”。很多外地人会选择将闺女嫁到颜庄村来，不为别的，光是在赶集的时候有个可以歇脚、吃饭的地方就很好。

(二)热闹不过年集

随着现代生活方式的渗入，颜庄集已经不能很好地满足民众的生活需要，再加上镇域内开了很多家超市，购物时间自由，更能满足村民的日常所需，近年来来颜庄村赶集的民众少了很多，客商们更是如此，颜庄大集不可避免地出现衰落的景象。调查中发现，现在很多摊主都是附近村庄的，只有很少一部分摊主是来自其余乡镇，至于新泰等地的客商已经非常少见。很多民众在谈到颜庄大集的时候都会遗憾地说上一句：“现在的颜庄集不热闹了，即使七月十五那个集也不行，只有年集最热闹。”

颜庄村逢农历的五、十成集，当地民众口中最热闹的“年集”是指每年腊月二十五的颜庄大集。所谓的年集，其实从腊月初五就已经拉开帷幕。这一天，周边的商贩开始在此贩卖节日期间需要准备的东西，很多家庭也开始在集市上购买一些容易存放的物品。之后的腊月初十、十五、二十，集市上的人越来越多，商贩也越来越多，很多家庭也已经为春节准备了很多的年货。而在腊月二十五这一天，颜庄大集的范围会比平常大很多，很多与大街相连的胡同几乎都摆满了各种摊位，甚至南阁子以南、北阁子以北的位置也

会成为很多摊主眼中的有利位置。

集市上的物品十分丰富，有衣服、布匹、粮食、瓜果、蔬菜、肉类、鱼类、糕点、茶叶、烤烟、日常杂货、儿童玩具等等，相关的摊点数量也会更多。家禽市场的位置，除了日常摆摊的摊主，一些不经常赶颜庄集的摊主也会来，甚至很多当地的乡民也会将自己家养的鸡拿到集市上售卖。而除了各种前述的常见物品之外，年集上还会有很多平时少见的“稀罕物品”，如陶瓷用品。

年集除了比平时的范围更大、种类更多，商品成交率较往常也更高。虽然每年都有腊月三十，但对很多民众来说，三十那个集只是“查缺补漏”的，真正的年集还是在腊月二十五这一天。对民众来说，尽量在这一天把该买的东西买齐，否则之后想买也买不到；而对商家而言，尽量不要把货品压到明年，否则又是一笔不小的损失。因此，这一天买卖双方更为爽快，商品的成交率也就更高。届时，大集上人头攒动，各种买货卖货的声音此起彼伏，热闹非凡。

年集上的人情味也更浓厚一点。很多民众赶年集不仅是为了买春节期间需要的物品，很多时候也是为了重温一份久远的回忆：

> 我平时要工作，赶集的机会很少，但是年集这一天就一定会来。这一天的集市更热闹，在集市上可以碰见很多很久不见的老朋友，有的时候还会去人家家里喝一杯再走。虽然说现在可以用手机随时联系，但还是不如见一面，喝一杯，聊两句。记得小时候我母亲也常常带我来赶年集，很多时候还会破例给我买一点好吃的，那时候吃着真好吃，这么多年了一直都忘不了那种感觉。所以现在我也喜欢带着我的孩子们来赶年集，也希望他们以后能记得这种甜蜜的感觉吧。①

（三）“来了就不想走”

颜庄集是传统社会区域的物资交流中心，其货品丰富，特色小吃多，还有一些民间的文化娱乐活动。在生活相对单调的农耕社会，赶集不仅意味

---

① 应访谈对象要求此处匿名：男，澜头村人。访谈时间：2017 年 3 月。

着可以满足自己的物品需求和口舌之欲，还能在集市上听听小曲，跟很久没见的老熟人打个招呼，聊一聊知心话。尤其是对那些已经上了年纪的人来说，颜庄集是一个充满温情的地方，是一个来了就不想走的地方。

颜庄集的物品种类繁多，尤其是当地的土特产更是丰盛。章丘的大葱、淄博的陶瓷、肥城的桃子等都在此售卖过，周边村落的民众也会将自己家或村庄的特产拿来销售，比如野虎沟的丝质产品，三岔沟村的羊毛毡，小官庄的土布等等。除此之外，颜庄本村也有很多可以用来出售的物品。东泉村以泉水闻名，泉水滋养了村庄的柳子，柳子在艺人们的手中就变成了制作精致的手工艺品，当地民众使用的篼子、簸箕、笸箩等大部分都出自东泉村。李家银炉烧制的银器精致美观，买来"孝敬"祖先，或给家中妇女和小孩戴也都合适，尤其是逢年过节，来买银器的人更是络绎不绝。杨家的制锡业自清代就享有盛名，每逢集市更是门庭若市。各种时令水果和蔬菜在集市上更是被摞成小山一般，稳稳占据集市的显眼位置。除此之外，还有卖老鼠药的、卖种子的、卖日常百货的……各种吆喝声此起彼伏，有的还串成顺口溜，吆喝起来朗朗上口，令人忍俊不禁。

舌尖上的味道最直接、最强烈，给人的触动也最为持久。颜庄集长期以来在区域民众心中占据一席之地，与大集上各具特色的小吃也是分不开的。颜庄村最为特色的徐家红烧牛肉，自清代以来就一直是闻名地方的特色小吃，尤其逢年过节，民众总要买上一些；杨二锅饼也是民众餐桌上不可或缺的一道主食，逢集也要买上几大块；临近埠东村吴家的豆腐干自 20 世纪 30 年代就已经开始制作，早已享誉周边；临街还有多家羊汤店、狗肉馆、豆腐坊、火烧铺、酿酒坊，还有各式各样的油条摊、包子铺、炸菜、豆腐脑；北官庄的山楂红又艳，庙子岭的粉皮薄又香……小孩是一边赶集一边吃，大人们则要专门找个小摊或者饭店，要上一碗羊汤或豆腐脑，就着包子或烧饼慢慢吃。近些年，其他地方的一些名吃也开始进入此地，比如桂林米粉、安徽板面、天津狗不理包子等。民众在小吃方面的选择更为广泛。

2013 年 10 月，山东电视台"生活频道"相关人员在莱芜颜庄村成功举办了《让梦想飞》的节目，主题即是"带着梦想赶大集"。节目组深入当地的乡

土社会，给长期失声的乡民一次展现才艺的机会，受到民众的欢迎与支持，也给颜庄大集带来不一样的声音。旧时，颜庄大集上也有很多卖艺的人，山东省非物质文化遗产——花鼓锣子，在发展之初就曾在颜庄大集上表演。在一些丰收之年的农闲时间或者春节期间，也有一些曲艺、杂技和武术表演等。基于“见者有份”的传统，观众要给演员们一定的报酬，而且报酬不限于钱财，物品也可以，常见的有鸡蛋、干粮等。除此之外，还会有一些说书人在集市上摆摊说书，尤其是农闲时节，很多民众都会前来听书。说书人说唱的内容大都是一些武侠故事，或《三国》里的小故事，以及一些宣传道德伦理和善恶有报的故事，有时也穿插着说书人在外地的见闻等。有些书迷为了听书还会自带干粮，直到集散人去才肯离去，回到家再将自己听来的故事绘声绘色地讲给其他人听。在娱乐方式单调的传统社会，说书人的故事和见闻对调剂民众生活有着非常重要的作用。随着电视以及各种娱乐方式的普及，这些说书人、卖艺人也都逐渐消失，只有那段历史还留在很多人的记忆深处。颜庄大集见证过他们的童年，伴随着他们的青壮年，最后镌刻进时间的年轮，周而复始，永不褪色。

第三章 岁时节日

时间本身是没有任何附加意义的，但是节日却将时间分割成具有某种意义的时间段，也将民众的日常生活分割成一个个有意义的节点。在节日里，民众一遍遍展演从祖先那里继承来的传统。这些传统烦琐细致，但是人们在传承、履行这些传统的过程中也获得了深切的感受，并自觉承担起向下一代继续展演的重任。乡土社会的日子就是在这样的神圣与世俗的相互交替中悠然向前。

颜庄村地处齐鲁文化交界处，境内受到两种文化影响，传统文化气氛浓厚，同时崇尚创新精神，这在当地的很多风俗习惯，尤其是岁时节日以及人生礼仪中都有体现。一方面，在日常生活中，人们尊崇传统，慎终追远，用乡规民约来约束自己的行为习惯，一些有伤风化的事情会被舆论所否定、谴责；另一方面，随着社会的进步，一些有利于社会进步的民俗新元素也被吸收进来，而一些陈旧的、不利于时代进步的元素则被剔除。

一、热闹不过春节

与中国其他地方一样，春节可谓是颜庄村最隆重、仪式活动最多的节日。一般进入腊月当地民众就开始忙年了。因此有民谣说："小孩小孩你别馋，过了腊八就是年。哩哩啦啦二十三，二十三糖瓜粘，二十四扫房日，二十五买豆腐，二十六买斤肉，二十七宰只鸡，二十八把面发，二十九蒸馒头，三十晚上熬一宿，除夕的饺子年年有。"

（一）腊月二十三

腊月二十三即小年。当地有顺口溜："腊月二十三，灶王上了天，上天言好事，下界保平安。"过了小年辞了灶，就意味着年节真的到来了。辞灶，即祭祀灶王爷并送灶王爷上天。民间有说灶王爷是俊美的奶油小生，因此民间有"男不拜月，女不祭灶"之说，因此做祭灶仪式的一般是家中比较年长的妇女，年轻妇女很少参与。灶王爷是一家之主，升天之后会向玉皇大帝报告这一家人的所作所为，天庭会根据灶王爷的陈述决定这家人来年的发展。因此，旧时民间把这项活动看得很重，辞灶之时必须家人齐全。但是，随着越来越多的人外出打工，当地辞灶的风俗日渐式微。

当地流传着这样一个小故事：很久以前，当地有一户人家，父亲去世，家中老小艰难度日，唯有小儿整日勤奋读书，这给母亲很大的安慰。只是有一事让母亲每日担心不已：每逢夏日，尤其雨后，汶河水涨，小儿子过河上学就成了问题。小儿每日回来鞋子必湿，很多时候一不留神掉进河里，衣服也会全湿。突然有那么几天，小儿回来之后衣袜全是干的，母亲感到非常疑惑。儿子刚开始还有点犹豫，后来就向母亲道出原委：原来最近几日都有一个白胡子老头背他过河。母亲恍然大悟：竟然有白胡大仙保佑儿子，那这孩子将来是要成大器的。母亲想到这里，心里狂喜，正在烧火的她拿着烧火棍到了灶王爷的神像面前，一边用烧火棍捣灶王爷，一边痛快骂道："你们一个个看不起我们孤儿寡母，你们等着瞧，等我儿子成才的那天，我有仇的报仇，有冤的报冤，一个也不会放过你们。"结果灶王爷去玉帝面前告了一状，从此之后那个白胡子神仙再也没有出现过，而那家的儿子自然也就没有成才，一家人穷困潦倒了一辈子。

老一辈的人说，灶王爷的陈述对一家人明年甚至未来的发展都有很大影响，因此要尊敬灶王爷。家中老人一般会在平常教导家中子女，要在灶王爷面前说好话，行善事，否则会对家人不利。逢小年这天，民间还要用糖瓜供奉灶王爷，希望灶王爷的嘴变得甜甜的，在玉皇大帝面前多说好话，保佑一家工作顺利，幸福安康。

（二）备年货

进入腊月以后，民众就开始备年货。过年的东西提前准备好有两个好处：一是可以慢慢准备，不至于到了年关手忙脚乱；二是平时价格要便宜一些。准备年货也有一个大致的顺序，首先要买那些存放时间久、不易变坏的东西，比如要先买一些笋干、干蘑菇、腐竹、黄花菜等干货。由于过年适逢冬天，绿色蔬菜较少，藕就成了当地民众最喜欢的蔬菜之一。买好的鲜藕可以埋在汶河里，村民需要提前找一个阳光充足而且有水流的地方，用铁锹挖60～80厘米深，埋好之后自己找好坐标，只等春节到来的时候挖出来食用即可。当然，埋藕的人多了，就难免记错位置，以至于发生挖错的情况。因为是年节期间，大家也都互相体谅一下，把挖出来的藕再还回去就好了。

做豆腐也是年节期间的一件大事。当地人又将其称之为“出豆腐”。自家准备好豆子，去本村会做豆腐的人家，给予一定的报酬，让别人帮忙做好，或者直接跟人家预订。此外，民众还会准备一些容易保存的蔬菜，比如白菜、海带、芹菜、蒜苗等；还要提前将炸菜准备好，比如炸藕合、炸香椿、炸肉、炸鱼、炸豆腐等。20世纪90年代以前，当地民众在春节期间有一个“大菜”是必须要准备的，那就是用煮肉的汤熬上一锅海带、白菜，家里没有客人的时候就可以当作下饭菜。

主食是要提前准备下的。春节期间主妇们一般不做主食。年前将剥好的玉米挑选、清洗干净，然后用石碾子碾好，用清水泡好，将表面的玉米皮去除，然后上石磨碾成玉米糊，用鏊子做成煎饼，可以一直吃到来年三月。年前做馒头是一件非常神圣的事情。平时做的馒头可以允许出错，但是年节

期间，如果馒头做得不像样，就意味着家人来年诸事不顺。因此，当地的家庭主妇也是使出了浑身解数将馒头蒸好。但是，有些馒头蒸好出锅时是又白又松软的，但一会儿就变得又黑又硬。碰到这种情况，主妇们要赶紧用手使劲拍馒头，一边拍一边还要骂，骂那些使之变形的鬼。不管结果如何，婆婆和丈夫都会觉得这是不吉利的象征，作为家里的儿媳妇是免不了要遭一顿骂的。此外，还要准备蒸年糕、蒸花馍馍等。年糕和花馍馍一般是自己家吃一部分，剩余的是要给亲戚朋友们“压篼子”的：亲朋来做客时，把年糕、花馍馍装在篼子里，作为回赠的礼物。

过节要穿的衣服也要提前买好，以免到了年根买不到合适的。尤其对小孩来说，能够穿新衣是过年期间一件非常重要的事情。在传统社会，民众会扯块布自己做衣服，或者去集市上找裁缝做。而现在已经很少有人自己做，都是从集市上或商场里买成品，既美观又便宜。买好的衣服都是等到大年初一的时候才可以穿。

大扫除也是春节期间一项不可或缺的活动。一般在小年前后，人们习惯将房前屋后打扫得干干净净，房屋内的犄角旮旯也不放过，很多平时没有洗的衣服要洗干净，床单也要换成干净的，锅碗瓢盆也要洗刷一新。新年新气象，这不但给家人创造了一个干净舒适的过节环境，也为节日期间祖先的到来准备了干净的住处；同时，由于节日期间民众喜欢互相串门拜年，如果谁家整理得不干净，就会给亲戚朋友留下不好的印象。所以大扫除也是不容懈怠。

一切准备就绪后，也差不多到了年三十，这是春节的最后准备阶段，也是最忙碌的一天。除了需要继续添补春节期间需要的物品以及操持一些零碎的事情之外，这一天最重要的事情有三件：贴对联、准备供品、请家堂。

（三）贴对联

贴对联的工作主要是家中的男子和小孩来完成。除了在大门以及各个房门两边贴上对联之外，正对着大门口的影壁上要贴上“福”字；如果正对着大门外面有墙或者树的话，要在上边贴上“出门见喜”或“迎门见喜”等。除此之外，还要在家中的石磨上贴上“白虎大吉”，在猪圈、牛栏、马舍门口贴上“六畜兴旺”“猪牛兴旺”等，在盛放粮食的地方写上“五谷丰登”“粮食满囤”，在衣服柜上贴“衣服满柜”，在床铺旁边的墙上贴“身体健康”，等等。过去这些对联一般都是请村里的文化人比如老师或村干部来写，也不需要告诉他们写什么、写多少，只需知会一声，他们对各家也都熟悉，写好之后去取就可以。

(四)准备供品

供品是指用于祭祀祖先、摆放在家堂桌子上的食物。水果主要有苹果、橘子、葡萄、山楂等，梨、李子、桃是不允许摆放的；菜肴一般是 3 个、5 个、7 个、10 个，其中选择 5 个的最多，鸡、鱼、豆腐、芹菜最为常见。鸡必须是红公鸡[①]，鸡的内脏要掏干净，而且需要盘好；盘好的鸡冠子要高高在上，两条腿要盘起来，两只翅膀呈展翅高飞状。鱼用咸鱼或者鲜鱼即可，如果是咸鱼，要在上边盖个鸡蛋饼；如果是鲜鱼，要下油锅走一圈，不用做得太熟。豆腐要切成块状，放油锅炸至金黄色，每个盘子放 3 块或者 5 块，意味着全家都有福。芹菜也是当地人常用的供品，寓意勤劳招财。这些供品在请家堂之后的下午或者晚上准备好，只要不耽误大年初一的祭拜即可。

(五)请家堂

请家堂是颜庄村过年期间一项很重要的风俗。在哪一家供奉家堂也是有规定的：老人在世，就在老人家摆贡品；如果老人身体不好，或者已经去世的，就要在长子家。当地民众以为，不管一家人怎么吵闹，只要还在一张桌子上供奉祖先，就说明这一家人还算和睦。一旦兄弟把家堂桌子分了，各自回家供奉，那这家兄弟之间的仇恨就不易化解，手足关系彻底决裂。更为重要的是，如果春节期间跟人起了争执，一句“掀了你家的家堂桌子”就很有可

① 颜色不对或者母鸡都是不吉利的。当地人认为，如果年节供养了母鸡，那这家的女主人就会胜男主人一头，就会欺负男主人。

能变成两个家族之间的争斗，而且地方权威人士在最后判定责任的时候，也多会向着家堂桌子被掀的这家。

家堂桌子上边挂着家堂轴子。家堂轴子是一幅中堂画，一般上边画有鹤、松树、柏树、长寿大仙、仙桃、童子等，两边写有“忠厚传家远，诗书继世长”等。家堂轴子平时不挂，只有在过节的时候才会悬挂起来。家堂轴子挂好之后，在其前边摆上家堂桌子。靠墙的位置是用来摆放牌位的，牌位是用火纸叠制而成，一般要由家中的男性来做。叠好的牌位用毛笔或签字笔写上已故祖先的名讳，一般供奉的祖先不能出五服，位分最高者居东边，依次往西边类推，将其放在已经做好的牌位扎子上。之后，在每个牌位之前要放置酒杯一个，筷子一双，茶杯一只，摆上几件简单的供品，比如水果、点心等。如此一来，家堂桌子的准备工作基本完成。

请家堂的时间一般在上午 9:30 之后、12 点之前。当地有“下午不能请家堂”之说，因此请家堂最晚不能过午后 1 点。请家堂的时候，需要由家中最有威望的老人带领全家到院落外边，一般会选在十字路口的地方，燃香之后朝着祖坟的方向念道：“各位老人家，今天大年三十，请各位老人回家过年吧。”之后烧纸，燃放鞭炮，然后再朝着祖坟的方向作揖，再举香回家。回家的时候，要在大门口和摆放家堂桌子的门口放一根拦门棍，拦截住那些孤魂野鬼，以保证祖先们在家可以安静地过完春节。之后，将燃烧的香插进家堂桌子上的香炉里，然后倒茶倒酒，请家堂的程序至此完成。请了家堂之后，外人看到门口的拦门棍也不会随便进入家门，如果实在有事需要进门的话，也得先给祖先磕头，之后再跟主人议事，否则会被认为不懂礼数。需要注意的是，请家堂之后，已经出嫁的闺女不能见家堂桌子，否则会被认为是败娘家。据村民讲：

> 我们这已经出嫁的闺女不能上坟，也不能见家堂桌子。如果见了，娘家人会非常不高兴，有的时候甚至会打起来，对那些离了婚没地方过年的闺女也是一样的，请家堂的时候是无论如何不能回娘家的。[①]

---

① 应访谈对象要求此处匿名：魏某，男，颜庄村人。访谈时间：2017 年 3 月。

为了避讳，已婚妇女在年三十、初一、初二这三天是不回娘家的。如果女儿确实需要在家过年，家中就不能请家堂，而以上坟代替，但是总归是少了年味，当地人很少有人会这么做。如果家中没有儿子，也即“绝户”，家中父母死后无人祭奠，又不忍让他们做孤魂野鬼，就可以将父母牌位放在夫家的偏房，也即当地人说的“房屋子”里进行供奉。请家堂的时候，要由女婿去大门外边请；之后，置上简单的桌板，写上父母名讳，放置烟、酒、茶以及果蔬菜肴等供奉。这种供奉需要偷偷进行，而且很少接受他人祭拜。

(六)年夜饭

请完家堂，接下来就要准备年夜饭。年夜饭，又称“团圆饭”，需要一家人都到齐了才可以吃，外出打工、求学者也都会尽力赶回家吃这顿饭。在传统社会，物资较为缺乏，当地的年夜饭分为很多等级。富裕人家会在这一天准备丰盛的佳肴菜品，鸡鸭鱼肉全有，还要准备美酒以供大家享用；普通人家则将之前准备好的年货比如炸好的藕合、香椿等摆上几盘，再炒上几个热菜，就着馒头、煎饼吃；贫困的人家会在年三十煮肉，煮好的肉用来招待客人，肉汤加上白菜、海带、豆腐等一锅煮，就是美味的佳肴。如有的村民讲：

> 我家兄弟姐妹多些，所以我们家的日子比别人家要难过得多。记得以前年三十我爸、妈白天不敢煮肉，怕我们偷吃，就一直等到夜里很晚的时候才煮。小孩等着等着就睡着了。有时我睡得迷迷糊糊的时候，我爸就把我叫起来，然后往我嘴里塞一块肉，等第二天早上醒了，那块肉早咽下去了。关键是当时迷迷糊糊的，那块盼望了那么久的肉愣是没有品出什么滋味。①

现在，年节期间已经很少见到民众熬大锅菜了。年三十的午饭一般比较简单随意，包饺子或者随便炒个菜、吃点馒头就可以。每家准备的年夜饭也大同小异，有鸡有鱼有肉有炸菜，再炒上几个青菜，一家人围着火炉吃团圆饭。小孩子们早早就吃完了饭，三五成群地出去玩；成年人则喝点小酒，

① 应访谈对象要求此处匿名：男，颜庄村人。访谈时间：2017 年 3 月。

总结过去一年的得失,盘算明年的支出,展望未来的发展等。这顿饭一般不会持续很久,晚饭之后每家都要包饺子。年三十的饺子有很多讲究,比如,必须要在12点之前包完,否则会被认为不吉利;饺子最好要用素馅的,寓意未来一年素净;人们会在饺子里包上铜钱,谁吃到了谁有福;包饺子的面和馅都要剩下一点,意寓年年有余;等等。

包完饺子之后,大人和孩子们一般就开始做菜肴,准备"熬五更"了。过去,老人们会围坐在火炉旁,炒上三五个菜,热上一壶酒,边喝边聊。年轻人则喜欢在一起打牌聊天,也称"干熬";熬到后半夜,他们会到村外找一些干的玉米或高粱秸秆点燃,大家围着取暖,还可以驱邪。电视普及之后,民众一般会在晚饭之后守在电视机旁看春节联欢晚会,晚会结束后大家也就分头睡觉去了。

除夕之夜据说是诸神下界之时,因此讲究很多。比如,传说财神爷喜欢亮堂,谁家亮财神爷就去谁家,那这家明年就发大财,因此年三十晚上家家户户不能熄灯;过了12点不能往门外倒水——水是财,倒水等于"倒财";"贼羔子也过年",这一天关门睡觉不吉利;过了12点不能洗头,洗头不吉利;如果家中六畜不旺,可以在年夜12点至次日凌晨2点的时候去十字路口唤牲畜,要一边撒着粮食一边往自己家方向走,一直走到牲畜的住所,这样明年就会六畜兴旺;过了12点,即使再要紧的债也不能催,最早得等到明年二月;等等。

(七)发纸马

过了12点,人们开始陆陆续续地"发纸马"。至于发纸马发的是什么,为什么发,当地民众有不同的说法:一说发纸马是为了迎接灶王爷回家过年;一说是发神马,让神马去请各路神仙到民间,保佑地方风调雨顺,百姓幸福安康;一说当地以前在大年初一会烧一种纸质的画,上面有各路神仙骑马的画像,因此叫"纸马"。但是,现在当地早已不见这种纸马。发纸马的时间一般在午夜12点过后、早晨6点之前,太阳出来之前一定要发完,而且越早越好,谁家发得早,福气就会跑到谁家去。因此,常常会出现"一家起床发纸马，家家起床发纸马”的情形。

发纸马前要做一些准备，首先要保证发纸马的时候家庭成员都在场，睡着的小孩也要叫醒。接下来是摆供桌，由家中的主妇来做，供品则由家中男子来制作。在院子中央摆放一张桌子，桌子上放酒杯、茶杯各 5 只，筷子 5 双，摆上 5 个或者 7 个菜，鸡鱼肉都要有，素菜一般是芹菜和豆腐。之后，斟上酒，茶杯里一般不放茶叶，要放 3 个或者 5 个煮好的饺子，添一点饺子汤当茶。与此同时，男主人要打火纸，将买来的火纸上边打上圆圆的印子，否则这些纸钱到了阴间也花不出去。火纸打好之后，主妇们要给各路神仙分钱，还要一边念：“各路神仙，现在过年了，请各路神仙前来拿纸钱。”神仙有天爷爷、地奶奶、观音奶奶、龙王、山神爷爷、送子娘娘、财神爷以及祖先，最后还要给“分均老爷”一大份钱，以免遗漏一些神仙被责怪。之后，将分好的纸钱化掉。如果纸钱燃烧的过程中呈现旋风状，就预示着神仙们拿到纸钱后很高兴。纸钱一定要燃烧干净，燃不尽的纸钱要用棍子挑着烧干净，否则纸钱就会缺角，在阴间是花不出去的。纸钱烧完之后，一家人要磕头作揖感谢神灵。

发完纸马之后，还要再去家里的猪圈、牛栏、鸡舍前边烧纸，烧的纸钱不用很多，也不用供品。当地还有给游荡在外的孤魂野鬼烧纸钱的习俗，他们认为那些孤魂野鬼因为没有人祭拜，只能在外游荡，是很可怜的，给他们烧纸钱可以帮后代积阴德；也有一部分民众不会为他们烧纸钱，认为他们不讲礼法，一旦给他们烧纸钱，就会跟自己纠缠不清，对家人不好。有的村民说道：

> 我以前不给那些孤魂野鬼烧纸钱，后来听老人说，给他们烧钱对活人好，我也就开始烧了，但是，后来有一年忘记了，结果那天晚上做梦，好多小鬼张着手跟我要钱，打那以后我就不再给他们烧纸钱了。[①]

烧纸结束之后，全家人围坐在一起吃饺子。吃完饺子，还要往家中的石磨磨眼里放饺子、花馍馍、年糕等，一来是对石磨一年来对全家的贡献表示

① 应访谈对象要求此处匿名：女，颜庄村人。访谈时间：2017 年 3 月。

感谢，二来希望来年五谷丰登。另外，还要取几样饭食喂狗。当地俗信，狗先吃哪一种食物，来年种那种谷物就可以丰收。

（八）拜年

一般大年初一早上8点左右，拜年就正式开始了。拜年的时候往往是由家族的长者带领小辈们一起去，拜年的顺序一般是从本家开始，先给直系亲属的长辈们拜年，然后给平辈拜年；接下来要给跟自己家族比较亲近、没有出五服的家族拜年；最后是给那些已经出了五服但是家族之间有渊源的以及自己的亲朋好友拜年。去给家中摆放有家堂桌子的人家拜年时，要先在其家堂桌子前对着祖先的牌位磕头，然后再跟主人拜年；有些家族如果有老寿星，拜年的晚辈一般也要给老寿星磕头。如果主人家要给小辈们钱，就要提前准备好，磕头结束后给他们即可。

除了男人们会去各家拜年外，女人们在这一天也会成群结队地去各家拜年，她们一般是自由结合，拜年的顺序也是从本家开始，然后根据与自家的亲疏远近关系依次拜年。这两天女人们可以自由玩要，拜年的时间比男人们更久一些，也比较随意，只要在大年初一早上至初二下午之前都可以。

（九）送家堂

初二下午要送家堂。送家堂之前要先给祖先煮饺子。初二的饺子通常是肉馅的，煮好的饺子要在家堂桌子上供奉半个到一个小时，以确保祖先们有足够的时间吃饱喝足。送家堂的时候要先把牌位全部收拾起来，连同香炉里的香一起放进簸箕里，然后，再用水瓢舀一瓢饺子汤作“饮马”用。当地民众认为，他们的祖先都是骑着大马回家的，回去的时候也要骑马回去，所以要提前帮祖先把马喂好，让马儿吃饱喝足有力气。这些都收拾妥当之后，由家族的长者拿着簸箕，其余的人拿着事先打好的火纸一起出门，到之前请祖先回来的地方，按照之前摆放的顺序，将祖先牌位一一摆放整齐，将香点燃，然后念道：“各位祖先，年过完了，你们也回家去吧，一路顺风。”接着，将牌位和火纸一并点燃。燃尽之后，将饺子汤倒在地上“饮马”，全家老小一起对

着祖先离开的方向磕头作揖。之后，燃放鞭炮、礼花，送家堂仪式结束。

送完家堂之后，主人家要将家堂轴子取下来放好，以备之后再用。人们将供奉的菜肴、水果各自拿回家吃晚饭。一些兄弟和睦的家庭，会在送完家堂之后全家一起聚餐，菜肴以之前供奉给祖先的为主，主人家再随便炒上几个菜。一家人围坐在一起，老人免不了要叮嘱年轻人几句，大人们忙着喝酒，小孩们忙着吵吵闹闹，共享天伦之乐。

（十）串亲戚

从初三开始串亲戚。出嫁的女儿在这一天回娘家，因此初三又被当地人戏称“走丈人家的日子”。初四、初五是走姑家、姨家的日子，先去谁家后去谁家大致也是按照与自己家的亲疏远近关系展开。最后才是拜访朋友。一般回娘家的礼物准备得好一些，即使在物资较为贫乏的年代，女儿回娘家也要带上一只鸡、一块肉以及一些馒头、挂面、点心之类的。如果是新女婿上门，通常要准备两个篼子，每个篼子装 50 个馒头，另外再装鱼、肉、酒、点心等，用红色的包袱蒙住，用担子挑着去。新女婿第一次上门，可以坐上座，女方家找家族中有威望的人陪酒，而新女婿在这一天也通常是喝得酩酊大醉。因此，这一天很多人早早吃了午饭，就在大街上等着看那些新女婿以及喝醉的人。他们走路摇摇晃晃，一不小心就会把篼子里的馒头洒落一地，人也会摔得灰头土脸。

20 世纪 90 年代之前，当地民众去姨家、姑家通常会准备馒头、挂面、点心等。把礼物准备好之后，放在篼子里，表面还要蒙一个红色的包袱。以前交通不便，民众一般都是走路串亲戚。到亲戚家一般又累又渴，这时亲戚要赶紧准备“点心”让来客吃。所谓的“点心”，一般是饺子、面条鸡蛋、红糖泡油条等。之后，亲戚家就赶紧准备正餐。

80 年代以前，当地有一些不成文的待客与做客之道：去别人家做客，如果主人家做了鱼，客人不能主动翻鱼；如此一来，主人家还能再招待一拨客人。一些用肉炒的菜肴，尽管主人会热情地让着吃肉，客人也要少吃一些；客人走后，主人家可以将剩菜里的肉挑拣出来，放清水里洗一遍，放油和盐炒

一下，等别的客人来的时候再用。不管主人家日常如何节俭，待客的时候也要主动让着客人吃菜，而且客人吃不完，主人不能放下筷子走人。关于串亲戚，在当地还有一些很有意思的“讲究”。比如，篼子不能太空。如果篼子不满，甚至不过半，对方会认为这是不够重视自己的表现。因此，拿什么撑篼子就成为那个时代民众普遍需要操心的事情。串亲戚一般要估摸着对方已经吃完早饭或午饭的时候再出发。到了亲戚家，主人会陪客人聊会天，喝上几杯茶，客人出于礼貌要推辞说家中有事需要回去，不能在此用餐，若非真有急事，主人要极力挽留。离开的时候，主人将篼子还给客人，客人要“嫌弃”对方留下的礼物太少，并取出其中的某些东西要主人留下，而主人也要极力推脱，告知对方自己已经留下了很多，同时将自己家的花馍馍、油条、挂面、粽子、瓜果等放客人篼子里，作为回赠的礼物，俗称“压篼子”。

农家用的篼子

一些家境尤为贫穷者，会用客人的篼子走自己家的亲戚，但要快去快回，最好不要让客人有所察觉，当地人称之为“迁就篼子走亲戚”。如此一来，不仅自己家不用专门准备礼物串亲戚，还不用专门给客人准备礼物。但是，当有些客人中途有事提前离开，而篼子又被主人拿去串亲戚的时候，气氛就十分尴尬了。这时，主人就只能跟客人说明情况，稍后再把篼子给客人送回去，而迁就篼子走亲戚这种行为在物资匮乏的年代也为多数民众所接受。

到了20世纪八九十年代，人们已经较少使用篼子串亲戚，而是使用更为轻便的“提兜”（一种黑色的人造革包），礼物也开始由馒头、挂面改为方便面、粽子等。后来，人们连包也不用了，直接抱一箱酒、方便面，或者直接使用塑料袋装一些肉、鸡、水果等就去走亲戚了，而且也不时兴“压篼子”，主人一般将客人拿的礼物都留下，待客的饭菜也有了明显的改善，逐渐取消了“点心”，正餐的菜肴也更为丰富，鸡鸭鱼肉逐渐走上餐桌，青菜变得上不得台面。为了不吃剩菜，人们尽量将菜肴一次吃光。相较于之前受人追捧的肉类菜肴，现在人们更倾心于各式青菜。

拜年活动一般集中在初二至初八，一般到了初十，拜年活动就已经很少，都是朋友之间的聚会了。之后，村民们开始期待龙灯队的拜年活动，只等看完他们的表演以后，正式开启一年的新生活。龙灯队表演的高潮是在每年的正月十五晚上，一般要持续到晚上十一二点，届时灯火通明，大人小孩齐聚街上，人声鼎沸，好不热闹。

二、四时八节

颜庄村人对传统节日比较看重，直至今日，境内传统节日传承发展态势良好，除了上述小年、春节之外，颜庄村人的传统节日还有很多，比如正月十六、二月二、清明节、端午节、六月六、七月十五、八月十五、九月初九、十月一、腊八节等。这其中，七月十五过得最为隆重。这些节日习俗在当地的传承一直较为稳定，若非特殊情况，民众一般不会违背，否则会被别人非议。因清明节、七月十五、十月一在以后的篇章中会作专门描述，故此不作赘述。

（一）正月十六

当地妇女喜欢在每年的正月十六回娘家。早在这一天之前，她们就早

早准备好了去娘家的礼物，除了年节期间剩余的一些东西之外，还要再给父母买上一些日常用的或者父母喜欢吃的东西。而父母也会早早就备下酒菜，等着女儿回家。对于那些父母已经全部过世的，如果娘家有哥嫂而且彼此还有来往的话，她们就会去哥嫂家；如果没有兄弟，就会选择去姐姐或者妹妹家，很少有妇女这一天选择待在自己家里。

(二)二月二

二月二是颜庄村重要的传统节日，境内有很多习俗。在这一天，民众会早早起床，拿一根长长的竹竿敲打自己家的房梁。因房梁的形状像一条龙，敲打房梁寓意将龙唤醒。“二月二，龙抬头。”当地人还会选择在这一天剃头，以去除往日的晦气，从头开始幸运吉祥。除此之外，村民还会举行一些祈福避祸的活动，主要有打囤、炒蝎豆、接闺女回娘家。

1. 打囤

当地有“二月二，龙抬头，大囤尖，小囤流”的说法，民众在这一天要打囤，希望这一年风调雨顺，五谷丰登，全家健康平安。打囤的时间是在这天的早上，一般由家中的男子来进行此项活动。去打谷场打囤的时候要拿着装满草木灰的簸箕，围绕着提前在打谷场地上画的圆圈进行。开始的时候，操作者一手端着草木灰，一手轻轻用手或木棍敲打簸箕边沿，让草木灰顺着边沿轻轻落在圆圈上，草木灰覆盖的圆圈就是囤。之后，还要在圆圈的中间放上一些五谷杂粮，这叫“压囤”。放粮食的方式有所不同，有的直接放在地上，有的会在圆圈的中间挖一个小坑，将粮食埋在里边，还有的会在粮食上面放一些瓦片或者小石块，甚至是铜钱等。也有民众围绕自己家的院子打囤，也是以同样的方式绕着自己家房子一圈。打囤结束之后，还要观察草木灰的情况。民众据此预测当年是否是丰收年，哪种农作物可以有好收成等。现在，当地大部分农业用地已被占用，民众分到的土地非常少，这种习俗已经不常见了。

2. 炒蝎豆

炒蝎豆需要用到黄豆或者黑豆。民众选好豆子，提前一天泡发，之后将

豆子晾干，并准备好专门用来炒豆子的一种黏土粒，将其碾碎晒好备用。二月二早上，民众开始炒蝎豆。一般是在院子里支起一口大锅，锅内放入备好的黏土粒翻炒，达到一定的温度之后，将豆子放入锅中，连同黏土粒一起混炒，直至豆子的表面开裂，有很多细密的纹路就起锅，再将豆子筛好放凉即可食用。蝎豆是村民喜爱的一种食物。在物资贫乏的年代，蝎豆成为很多小孩不可多得的零食，也是大人们喜爱的吃食。每逢二月二这天，村庄处处飘着豆香，大人小孩出门都喜欢抓上一把蝎豆，大家聚在一起，互相品尝，因此有"二月二，蝎子爪，大娘婶子尝一把"的俗语。除了炒蝎豆，一些较为富裕的人家还会在这一天炒制"棋子"。棋子是由白面加糖制成的菱形薄面皮，与豆子一起放在黏土粒里炒。因为有糖，尤其受小孩的喜爱。

土地爷爷是众多神仙中品位最低的，民众日常都很少去求他办事，也很少给他上香，只在家人去世的时候向他知会一声。但是，二月二这一天，民众会拿着炒好的蝎豆给土地爷爷上供，这一天土地庙前撒满了蝎豆，土地爷爷也只有在这一天才可以尽情享受民众的供奉，体味做神仙的乐趣，因此当地才有了"土地爷爷还盼个二月二"的谚语，又说"土地爷爷熬个二月二"。

3.接闺女回娘家

传说很久以前，东海龙王有一个女儿，对王宫里的生活非常厌倦，便劝说母亲允许自己在二月二这天来到人间转一圈。让龙母没有想到的是，这个女儿竟然爱上了凡间的一个男子，并与之结婚了。龙王知道之后，龙颜震怒，非要将女儿追回严惩，龙母百般祈求，龙王才不追究。但是，自此之后，龙母再也不能见到自己的女儿，思女心切的她就在每年女儿出走的日子浮出水面，对着女儿离开的方向难过不已，雷声就是她的哭声，眼泪就化成了雨水。正因为这一传说，民间就有了二月二接闺女回娘家小住的习俗。一来是因为很久未见，父母想念女儿，二来正月比较忙，女儿在婆家比较辛苦，而此时农事尚未全面展开，正好趁此机会让闺女回娘家好好休息。

在这一天还有很多的禁忌也需要遵守。这一天妇女不能动针线，怕伤了龙王的眼睛；当地妇女起床之前，要念三遍"二月二，龙抬头，龙不抬头我抬头"，之后，还要打着灯笼，一边照着房梁一边念"二月二，照房梁，蝎子蚰蜒无处藏"；这一天最好也不要从水井里打水，以免触动龙头不吉利，讲究一

点的人家甚至在这一天不洗衣服，怕伤了龙的皮肤；等等。

(三)端午节

颜庄村人将端午节又称作“五月单五”，或者直接简称为“单五”，也是我国传统节日之一。端午节主要的民俗活动有三项：插艾、包粽子、看闺女。

1. 插艾

当地民众俗信：阴间有12个阎王，每个月都有一个阎王来掌管。其中，五月是恶月，五月的阎王是最凶、最厉害的，因此这一天要驱邪。“端午不插艾，别怕有虫害。”端午节这天，当地民众有在大门以及房屋门窗上插艾蒿的习俗。艾蒿不能提前准备好，用端午节这天割的艾蒿驱邪驱虫效果最好。村民认为，端午节的艾蒿治病效果极好，平时民众有个头疼脑热、腰膝疼痛，或者小孩被蚊虫叮咬，用端午节这天的艾蒿熬水热敷，或者用艾叶煮鸡蛋吃，病就会好得很快。这一天，民众会割很多艾蒿，晒干保存以备后用。以前，民众还会在这一天做香荷包，用桃木刻一些装饰品，据说可以辟邪。

2. 包粽子

包粽子的时间一般在农历的五月初四，晚饭过后家中的妇女就开始包粽子。在这之前，主妇们就已经将粽叶煮好泡在水里，糯米也早就泡好。主妇们准备好长短合适的棉线或者玉米皮，将粽叶整齐地摆放在桌子上，然后拿起来做成漏斗状，里边填上小米、大米或者高粱米等，再加上红枣，用线捆好，一个粽子就做成了。第二天一早就开始煮粽子。除了自家吃以外，民众也把做好的粽子分给邻居朋友。

3. 看闺女

颜庄村有端午看闺女的习俗。娘家人要在端午节这天去看望已出嫁的女儿，否则他们的女儿会被视为娘家没有人，并因此受婆家欺负。对于那些父母已经去世的女儿，这一天娘家兄弟也会来看自己。届时，父母要带上煮好的粽子，再买上一些女儿喜爱吃的东西。女儿会在这一天准备好丰盛的菜肴，等待父母、兄弟的到来。

(四)六月六

六月六又叫“晒衣节”，是颜庄村重要的传统节日之一。有谚语云：“六

月六，看谷秀。”民众在这一天要洗晒被褥、衣物，以防发霉和蛀虫，还会去地里看庄稼的长势，借此判断秋收情况。这一天主要的活动有：吃炒面、敬山神、敬天爷爷。

1. 吃炒面

当地有尝新的习俗。农历六月初，新麦已经下来。挑选一些新打好的麦子，放到水里冲洗干净，用笊篱捞出来晒干，然后放到锅里炒。炒麦子的时候要控制好火候，炒得过火不好吃。炒好的麦子要放在一旁晾一下，然后放石碾子上磨成粉，再用筛面粉的细罗仔细筛一遍，筛出来的小麦粉蘸上红糖和水，拌匀之后用手拿着吃。现在小麦在当地已经比较少见，民众也很少再做炒面，六月六这天会去超市买炒面吃。

2. 敬山神

六月时节，山上的树木、杂草生长茂盛，野兽开始多起来，而农村喂养的牛羊鸡鸭较多，容易受野兽侵袭。当地民众俗信，山神专门管辖山中的野兽和坏人，保佑人畜平安，因此每年的六月六要敬山神。敬山神要带上香、火纸、果盘（一般是苹果、葡萄、香蕉等）、点心去村里的山神庙上香，对着山神爷爷祈福，祈求神灵看好村庄的山林，保佑一家平平安安，六畜兴旺，之后烧火纸，对着神灵磕头。现在，敬山神的习俗在当地已经较少见了。

3. 敬天爷爷

当地有农谚：“有钱难买五月里旱，六月里连阴吃饱饭。”五月天气干旱，利于庄稼的根系往更深处发展，能吸收更多的营养，增加庄稼的抗灾能力；而阴雨连绵的六月又使农作物能够快速地生长。一年有这两个月作保证，就基本可以确定是丰收年，因此在这个关键时刻祈求风调雨顺是很有必要的。因此，颜庄村每家每户都会于每年农历六月举行敬天仪式。“一个大门一个天”，敬天仪式是每家每户单独进行，敬天的正日子是在六月初六，但是也有很多人选择在其他日子，但一般选在六月的双日子，到了七月再敬天会被村民耻笑。

敬天的时候要准备 3 个、5 个或者 7 个菜，现在农村都用鸡、鱼、肉、豆腐、芹菜等，鸡不用盘，直接炒或者炖都可以，只是炒菜的时候不能放调料，

酱油、葱、姜、蒜等都不可以。另外，还要准备果盘。时值夏季，正是西瓜成熟的季节，很多民众就把西瓜一切两半，直接放一半在供桌上当果盘，也可以准备葡萄、苹果等。桃子是辟邪的，对神仙不敬，因此不能使用。敬天的时间一般在中午 11 点至下午 1 点，太早或太晚都不是很吉利。菜肴、果盘制作好之后，就要摆放供桌了。供桌要摆放在院子的中心位置，首先要在上边放酒杯、茶杯、筷子各 5 份，接着倒上酒和茶，燃香，然后将香插进香炉中。不能接着进行下一项仪式，要等着神仙们稍作休息才可以，休息时间结束的标志就是燃着的香已经落了三次香头。

此时，家庭主妇开始举香祈祷。家中其他成员会趁此时间将菜肴和果盘摆放整齐，煮好的饺子也要摆上供桌。家庭主妇开始给各位神仙分发纸钱，神灵主要有天爷爷、地奶奶、三官、龙王、观音奶奶、泰山奶奶、路游神、送子娘娘、文曲星、十字路口的神灵等等，另外还要给自己家的祖先一份钱。其中，给天爷爷和自己祖先的纸钱最多。最后要给“分均老爷”一份，希望他能帮忙把钱送到那些没有分到钱的神仙手中。祈祷的主要目的有二：一是保佑风调雨顺，二是保佑家人健康平安，孩子学有所成。纸钱分完之后，先把供桌上的茶水倒一些在地上，之后点燃纸钱和元宝，待两者烧尽，全家在供桌前磕头，恭送神仙上天。燃烧的灰烬不能接着扫掉，也不能用铁簸箕盛放灰烬，而是待其变凉后，装进塑料袋或者簸箕里，然后倒进菜地或者河里冲走。

（五）八月十五

当地人习惯称中秋节为“八月十五”，是境内非常重要的传统节日之一。主要的习俗有：拜月、赏月、看闺女。

1. 拜月

我国自古就有拜月的习俗，“秋暮夕月”即为此证。在传统社会，每逢八月十五，民众都要举行拜月仪式。供品主要有月饼和水果，水果都是一些时令水果，比如苹果、西瓜、枣子、葡萄等，其中月饼和西瓜是必需品，还可以放一些糖、栗子、点心等。过去民众喜欢吃的月饼一般是“大白皮”。西瓜不能随便切，莲花状的最好。供桌设置好后，将供品摆放整齐，待月亮出来之后，

将香点燃插进香炉(也有人家会点红色的蜡烛)。然后,全家依次高举香或者红烛对着月亮祭拜。祭拜完毕之后,由家庭主妇将月饼切好一一分食。拜月的时候家人不必全部在场,但是月饼切的份数要与全家人口相等,而且最好大小相同。

2.赏月

拜月结束后,全家人一起齐聚院中赏月。大人会给小孩们讲嫦娥奔月的故事以及一些月圆月缺的常识,孩子们依偎在大人怀里,看着月亮,吃着月饼,一家人其乐融融。

3.看闺女

进入八月以后,娘家父母就陆陆续续开始看闺女。父母双亡的,则由其哥哥或弟弟甚至侄儿替代。一般这个节日看闺女,月饼是必备的礼物,而且一般带四包,寓意一年四季家人平安健康,团团圆圆。时至今日,月饼已经不是稀缺之物,日常生活中民众也可以买来吃,很多父母在看闺女的时候也已经不带月饼,而是换成了鸡蛋、水果、肉、小孩的玩具等。

(六)九月初九

九月初九又被称为“老人节”“重阳节”。九月初九时,天气开始转凉,境内民众在这一天有“吃羊肉,涮肠子”的习俗。通常,子女们会在这一天回家跟父母团聚,而且会给父母带一些礼物,比如鞋子、秋冬季节的衣物、父母爱吃的零食等,父母则会煮上一锅羊肉,或者直接去羊汤馆买一锅羊肉回家。一部分民众还会去登山,登高望远,据说这样可以使人阳气旺,从而达到辟邪的目的。很多上了年纪或者身体不好的老人,通常还会在这天洗澡、洗头发。最近几年,颜庄村委还会在这一天组织看望村里的老寿星;颜庄小学还会组织学生们去颜庄镇敬老院与老人们一起过节,给老人们扫地,整理衣物,陪老人聊天,为老人们表演节目。

(七)腊八节

北方的腊月十分寒冷。颜庄村本地有俗语云:“腊七腊八,冻煞叫花。”

腊八节这天，当地民众有熬腊八粥、施舍粥饭的习俗。富裕人家通常使用小米、糯米，再加上各种豆子熬制成美味的腊八粥，在门前施舍；贫穷人家用不起米，就用玉米面，加上高粱米以及各种豆类熬作稀饭。熬的粥饭除了施舍给乞丐之外，邻里之间也会互相赠送。现在也还会有人在这一天熬制腊八粥，不过已经不用作施舍，而是自己家人吃。今天的腊八粥用料更为讲究，不仅有大米、小米、高粱米、麦仁以及各种豆类等，还会放一些坚果和水果干进去，比如花生、莲子、枸杞、核桃、桂圆等，味道极好。

村民还有腌制腊八蒜的习惯。要提前将蒜剥好，等到腊八这一天，将剥好的蒜瓣放入一个密封的容器中，然后往容器里倒醋，蒜瓣与醋的比例大致是2∶1，之后将口密封，放置阴凉处存放，一般半个月左右就腌制好了。腌制好的蒜瓣呈绿色，春节期间吃饺子的时候就着吃，口感很好。

俗话说："小孩小孩你别馋，过了腊八就是年。"旧时腊八节一过，就意味着商家们开始拢账了，要把这一年生意的盈亏状况算清楚；债主们也要开始收债，有钱的赶紧还钱，没有钱的也得准备一下了。时至今日，这种习俗仍然存在。

三、七月十五大如年

颜庄村地处齐鲁文化腹地，崇宗敬祖、慎终追远之风浓厚，除了春节，当地还有三大节日围绕此进行：七月十五、清明节、十月一。在这些节日期间，村民都会举行一些仪式活动。尤其是七月十五这一天，厂矿企业以及各企事业单位都要放半天假，民众要请家堂祭拜祖先，因此有"七月十五大如年"之说。

（一）七月十五

七月十五是传统的"中元节""鬼节"。在当地村民看来，七月十五是除了春节以外的第二大传统节日，是祭拜祖先、全家团圆的节日。2008年，莱芜将七月十五成功申报成市级非物质文化遗产。与周边地区相比，莱芜地

区的七月十五要更隆重些，一些企事业单位也要专门放半天甚至1天的假，很多商铺在这一天的下午也全部歇业，学习、工作在外的莱芜人在这一天也要尽量赶回家过节。

很多民众忌讳将其称之为“鬼节”，而是称为“十五”“过半年”。关于七月十五的来源，当地还有一个传说。相传很久以前，有人得了一种传染病，医生们束手无策，人们于是求助于神灵。神启示人们：唯有过年才能躲过此厄运，过七月十五要跟过年一样才行。代代相传下来，七月十五就受到了特别的重视。在这一天，除各家之间不互相串门、不贴对联以外，其余的仪式活动跟春节一样。

七月十五这天，民众早早洒扫庭院，将院里院外打扫得一干二净。之后，在堂屋摆设供桌，供桌之上要悬挂家堂轴子，桌子上放酒杯、茶杯、筷子各五份。之后，男人们负责制作祖先牌位。牌位是用火纸叠制而成的，下端是长方形，上方是三角形状，将家中五服之内的祖先名讳写到牌位上，写好之后按照祖先的辈分摆放整齐。①

上述准备工作完成之后，接下来就是请家堂。由家中最有威望的男子带领家中男丁们去自己家门外的大路上请。请之前要先将香点燃，然后举香，对着祖先坟墓的地方说：“今天十五了，请各位祖先回家过十五。”之后，要燃放一挂鞭炮，请的时候燃放的鞭炮不要太多，送家堂的时候可以多燃放一些。鞭炮放完之后，要举着香回家，路过大门口的时候放一根木棍拦在门口，以防邪魔鬼祟进门打扰家人和祖先过节。别人看到这根拦门棍也知道此家已经请了家堂，就不会再随便进家门。

祖先被请回家之后，接下来进行的是祭拜仪式。首先要将供桌上边的茶杯斟满茶水，摆放点心、水果。水果通常是应季水果，比如西瓜、苹果、葡萄、香蕉等。斟水以及摆放菜肴、果品的时候要注意从辈分高的祖先开始，按照次序摆放。菜肴的数目必须是单数，比如3个、5个、7个，一般是5个，

① 在当地，牌位摆放的位置不是很一致，有些人家按照“辈分高的在中间，辈分低的在两边”摆放，也有的人家按照辈分高低依次排列。

最多7个。菜肴主要是鸡鱼肉、炸菜、芹菜、豆腐等,鸡一般要用整鸡,肉用方子肉[①],豆腐都是用盐腌制之后放油里炸,做菜的时候不要放调料。主食一般比较随意,有些人家会包饺子,也有的直接供馒头,甚至是煎饼都可以。主人吃饭前给祖先摆上一碗,并虔诚地对祖先说:"请各位老人家吃好喝好。"之后,全家人方可进食午餐。尤其要注意的是,整个过程中都要注意香炉里的香不能断,否则祖先就听不到召唤,不能正常用餐。

请家堂的仪式通常持续到下午。下午5点左右的时候就要举行送家堂仪式。送家堂之前,要准备好适量的火纸和元宝。家中的妇女们则要煮好饺子,盛在茶碗里,在每个牌位面前放一碗;也有人家为了省事,就直接捞一大盘子供奉。饺子摆好后不能接着送家堂,要等着祖先们慢慢享用。半个小时至一个小时之后,祖先们吃饱喝足就可以送家堂了。首先要把祖先们的牌位全部收拾好,与火纸、元宝一起用簸箕盛放,还要带上酒水、饺子汤、鞭炮等。出门的时候一定要将拦门棍拿走,否则祖先们出不了家门,家中会不安宁。送家堂的地点一般与请家堂的一致。将火纸和元宝分给各位祖先,按照一定次序摆放在地上,并用香压住。之后将其点燃,烧尽之后,要将饺子汤洒在地上为祖先"饮马",之后全家跪地磕头恭送祖先。最后还要燃放鞭炮。与春节不同,七月十五一般不燃放礼花,而且燃放鞭炮的数量也不用很多。送完家堂之后,全家人回家分享晚餐,仪式活动至此全部结束。

如果家中有人刚刚过世,或者实在有事请不了家堂,也可以用上坟来代替。上坟的时间在下午3～5点,要准备好酒菜、果品以及火纸和元宝等,将相关物品放篼子或食盒里。篼子的表面要蒙上一块红色的包袱。到了祖坟之后,将香点燃,菜肴、果品摆放整齐,给祖先分纸钱和元宝。烧纸钱的时候,也可以将一些菜肴扔进火中,那些被火烧过的菜肴据说有神力,尤其是小孩要多吃,所谓"吃了神圣,一辈子不生病"。火纸和元宝燃尽后,把杯中的酒倒在祖先坟前,也即"浇奠"。供奉祖先的菜肴等要拿回家,全家一起享用。

与其他地方不同的是,即使有些民众会在这一天给游荡在外的孤魂野

---

① 方子肉:将肉切成四四方方的形状,放在水中煮熟,或者放在油里炸一下都可。

鬼烧纸钱，大家还是会将七月十五当成“过半年”，认为这个节日跟鬼没有关系，更没有传说中的那么可怕。忙碌了一天的人们会在晚餐之后去邻居家串门，分享果品、打牌、聊天至很晚才回家。家中只要摆放了家堂桌子，已经出嫁的女儿就不能进娘家门，七月十五也不例外。如果女儿在这一天回娘家，娘家会因此得祸，极为不利。

随着时代的发展，一些新的人文元素慢慢融入当地的文化。比如，过去七月十五之前没有人要债，但是近些年，一部分商家进入七月就开始拢账，并且在节日之前催债，只是催债的力度和范围没有春节前夕那么严重，更多的是提个醒：马上过十五了，半年的债得拢一拢，即使现在没有钱，也要提前准备，至迟过年的时候是一定要还的。也有部分打工的民众跟工头要过节费。尽管不到月底，一部分厂矿企业也会提前预支一部分钱，名曰“过十五的钱”。这些象征着春节的人文符号被添加进来，使得七月十五有了更多“年”的味道。其实不管七月十五怎样变迁，作为“莱芜人的节日”，它不仅是对祖先的祭奠与缅怀，而且对“莱芜人”这一群体边界的建构也有非常重要的意义：地处齐鲁之间，成为地级市时间也不是很长，身份有些尴尬的莱芜人也确实需要很多这样的文化符号来定义、重构自己，而七月十五这一传统节日显然符合这一要求。

（二）清明节

清明节是我国的传统节日，这一天民众要举行一系列的仪式祭拜祖先，扫墓是其中一项很重要的活动。颜庄村村民在这一天也会去给祖先的坟墓添新土、上坟。这天，大人要准备好供品：菜肴（鸡、肉、豆腐等）、水果（苹果、山楂等）、点心，以及适量的纸钱和元宝。家中所有的男丁们要全部参加，由大人拿着供品和纸钱，小孩跟在后面。到祖先的墓地之后，先把坟墓周围的杂草清理干净，同时在坟头上添上一些新土，以示后继有人，家族兴旺，但是闰月的年份不能添。土添好之后，再在坟头上插一些柳枝、松柏枝，希望祖先保佑家族人丁兴旺。然后将供品摆放好，将纸钱分给各位祖先，还要取一部分压在每位祖先的坟头，当地人称“压坟头纸”。之后，将供品摆放整齐，

点上香，由家中最有威望的老人给祖先分钱，待纸钱焚烧完毕，一行人磕头祭拜祖先。接着，大家要在祖先坟前分享供品，而且大人们通常还会喝点酒，有些人甚至会喝醉。

清明节这天，颜庄村村民还会在大门以及屋门两边插上柳树枝和松柏枝。一般人们在清明节的前一天就会去山上砍柏树枝，之后分给左邻右舍。等清明节这天早上太阳没出来之前，就要把树枝插在门上，一来可以辟邪，二来表示家中未来一年的生活都充满生气。此外，当地人过清明节还要吃煮鸡蛋，俗话说“过年的饺子，清明的鸡蛋”。清明节这天，家中主妇早早就起床，在锅里放上高粱皮将鸡蛋煮成红色的，也有人会用红纸将鸡蛋染红再煮。红色本身可以驱邪，也可以预示着今年的日子会过得红红火火。全家人要在太阳出来之前吃鸡蛋，据说吃了这样的鸡蛋一年不头疼，而且邪毛鬼祟不敢近身。过去，鸡蛋是稀罕的东西，很多小孩在分到鸡蛋之后，会拿着去学校跟同学分享，还要举行碰蛋的游戏：两个小孩各自拿一个鸡蛋，两人的鸡蛋互相碰撞，谁的先破了谁先吃。那个时候，马、牛是家中主要的劳力，过了清明节，牛马们就要开始下苦力，一直到秋收结束都不会闲着。因此有牛、马的人家也会在这一天给牛、马上大料——给它们的食物里加上煮熟的豆子，让它们吃顿好的。不过，此风俗现已消失。

（三）十月一

十月一又被称为“寒衣节”。过了十月一，天气一天比一天寒冷。人们不仅要为家人准备过冬的棉衣，也要给祖先送一些衣物，使其顺利地渡过严冬。传统社会，富裕人家会用棉布、棉花做棉衣、棉鞋、棉帽，穷人家会直接买一些用纸做的衣服烧给祖先。给祖先送寒衣的时候，也要带上供品和纸钱，一起烧给阴间的祖先。除此之外，村民还会在傍晚的时候找一个十字路口或村外的地方，烧一些纸质的棉衣给那些孤魂野鬼，给他们添寒衣。此风俗在当地并不普遍，只有很少一部分民众还在实践。据村民讲，过去这一天还有一项风俗，即地主富人家会在这一天请家里的伙计和帮工吃一顿饭，饭后给这些人结算工钱，同时宣布来年还要继续雇哪些人、不雇哪些人。

第四章 一个能文能武的村庄

颜庄村地处齐鲁通衢要地，同时受两种文化的影响。颜庄村的文化中尊重传统、伦理，重视中和、仁义等观念比较明显，也讲究革新，重视谋略、武功，是典型的崇文尚武的村落。同时，颜庄村是区域内莱芜、新泰等地的必经之路，再加上当时政府在颜庄村设立铺园，又有著名的颜庄大集，因此颜庄村在历史上就一直是区域社会的物资集散处，商贾往来川流不息，经济非常繁荣。颜庄村历史上庙宇众多，除了远近闻名的南、北阁子之外，在南阁子附近还有很多庙宇，比如三官庙、关帝庙、土地庙、石庙子等等，村庄的东边还有阎王殿等，是迎神赛会、焚香祭祀的主要场所，民间信仰活动繁盛。这些都为当地乡民艺术的发展与创新提供了非常有利的条件，颜庄村也因此成为区域社会中"能文能武"的村落。

一、"玩得转艺术"的村落

从更大的区域范围来看，莱芜地处鲁中腹地，是齐鲁文化交界之地，早在19世纪中叶就已经有徽班的演出，之后经过漫长的本地化过程，逐渐形成

了具有浓郁地方特色、独特艺术风格的莱芜梆子。颜庄镇西当峪村至今仍有莱芜梆子剧团。除此之外，临近颜庄村的钢城区里辛镇小官庄村在20世纪五六十年代也活跃着一支远近闻名的文艺队伍——小官庄文艺宣传队。即使在“文化大革命”期间，这支文艺队伍也艰难地支撑了下来，直至推行联产承包责任制的前一年才宣布解散，因此有“三十冬春不停歇，十乡百村留美名”的说法。① 小官庄文艺宣传队不仅在本村进行文艺演出，也会去周边村落和一些厂矿企业演出，甚至走出了莱芜，到了沂源县。期间，宣传队也会积极支持当地政府的调演活动，参与一些文艺汇演，也获得了很多的荣誉。

为了活跃农村文化，建设“留得住乡愁”的美丽乡村，钢城区政府自2009年便开始正式推进“十百千”工程，即在全区范围内建设10个文化典型村落，100个农村文化大院，以及1000个农村文化示范家庭。这个工程的实施对激发农村活力，发动当地民众参与乡土文化的传承与创新工作起到了非常积极的作用。当地一些庄户剧团趁此机会发展自己，比如辛庄镇的蟠龙梆子剧团、西当峪莱芜梆子庄户剧团等都创作了大量贴近当地民众生活的作品，在丰富当地人文化生活的同时，也受到了上级政府的赞扬。

在这样一个乡民艺术氛围浓厚的背景下，颜庄村村民也不甘落后。颜庄村是一个有着强烈文化自豪感的村落，当然，这与颜庄村历史上乡民艺术兴盛，乡土文化传承、发展状况良好不无关系。颜庄村历来是区域社会的通衢之地、艺人汇聚之所，村内人多地少，民众空闲时间较多，有钱有闲爱玩，这些都为乡民艺术的发展提供了适宜的土壤。

中华人民共和国成立之后，国家通过推动土地革命和农业合作化运动使农民获得了土地，农民的生活得到了基本的保障，物质方面的需求得到了满足。“仓廪实而知礼节，衣食足而知荣辱。”对于刚刚摆脱“旧社会”的民众来说，旧文化已经被废除，新的文化尚未形成，已满足生存要求的农村急需

---

① 参见吕守泰:《小官庄文宣队纪略》，载政协莱芜市钢城区委员会编:《钢城文史》第4辑，莱芜市印刷二厂2008年印制，第80～87页。

发展乡土文化，以满足民众日益增长的精神文化需求。国家随后推出了一系列的发展农村教育、乡土文化的政策，号召各级干部大力发展农村地区的群众文化事业，兴盛农民的文化生活。

为了积极响应党和国家的号召，丰富当地民众的精神生活，时任颜庄村干部的谭业振主动带领当地爱好文艺的村民，于 1953 年成立了颜庄村文艺宣传队。宣传队成立之初，大家热情高涨，干劲十足，在很短的时间内就编排了几个舞蹈，比如《采茶舞》《十大姐》等，并与当时在颜庄村及周边村庄知名度较高的花鼓锣子合作，最终形成了时长 1 小时左右的舞台戏剧，于每年春节期间面向村民展演。演出当晚，颜庄村村民观看热情相当高，演员也分外卖力地表演。

1955 年，颜庄村高级社成立，主任谭守玉继续组织民众进行文艺宣传活动。据当地民众说，当时村里资金非常紧张。但是，村干部仍然顶住压力，拨付资金用于购买宣传队急需的服装和道具。临近颜庄村的西当峪文艺宣传队也在此时给予了很大的支持和帮助。最终，颜庄村文艺宣传队不负众望，莱芜梆子古装戏《砸粥缸》顺利演出，在当时引起了非常大的反响，也标志着“颜庄村从此能唱大戏了”。

之后，颜庄村文艺宣传队紧扣国家相关政策，以一种贴近当地生活并为民众喜闻乐见的形式进行表演。比如，1957 年，为了配合国家推动的“除四害，讲卫生”行动，文宣队队员谭业荣和朱庆会就编排了话剧《除四害》和喜剧《瞎子吃瓜》。这些剧目一经演出，就深受当地民众的喜爱与政府的推崇，之后还获得了“剧本创作奖”“导演奖”“民间艺术挖掘奖”等很多奖项。1962 年，颜庄村进行地瓜改良品种的宣传工作，宣传队也及时与之配合，创作了《夸地瓜》及《夫妻识字》等剧目。这些剧目用当地人日常惯用的语言，解说当地政府的相关政策，有利于政策的推行实施。

随着文艺宣传队的影响越来越大，新的队员也不断加入进来。当时政府为了方便管理，就将颜庄村文艺宣传队的队员们统一安排进大队林业局工作。因为林业局工作较为轻松，挣的也不比务农少，因此这一时期文艺宣传队的队员数量增长迅速，发展到了 20 多人，当时大队林业局的青年全部都

是文艺宣传队的队员。“当时在文艺宣传队工作是一件让人羡慕的事情,跟国家干部一样,活轻快,钱还不少赚,年轻人找对象也容易。”①

“文化大革命”开始之后,颜庄村文艺宣传队改名为“毛泽东思想文艺宣传队”。这一阶段,队员们已经能非常熟练地编排很多小节目。这些剧目大多与当时国家的时事政治紧密结合,受到政府和民众的欢迎,并多次获得各级奖项。

此时,颜庄村文艺宣传队的规模也一再扩展,人数一度达到 40 人。由宣传队员朱会庆、谭业栋共同编排的戏剧《春节》一举斩获莱芜县文艺汇演一等奖,宣传队还深入到周边村庄、部队及煤矿、钢铁厂等厂矿企业进行演出,受到观众一致好评。时隔一年,二人又一次合作编排《红嫂》《一家人》等,再次获奖。

1970 年,朱会庆再次编导《钢镢》,连续斩获数枚奖项,包括莱芜县调演大会一等奖、泰安地区文艺调演演出奖。总体而言,这一时期宣传队主要是为当时的政治服务,内容也大多与党和国家的政策相关。

改革开放之后,随着境内厂矿企业的迅速发展以及一大批民营企业的成长,宣传队也会受邀去参加一些开业活动,再加上政府给予一定的补助,颜庄村文艺宣传队在这一时期获得持续发展。

2000 年之后,随着经济的进一步发展以及当地大量的土地被占用,以农业为生的民众越来越少,大部分都去附近或外出打工。原先的演出时间被打乱,颜庄村文艺宣传队的发展也不如从前。但是,村庄的艺术传统仍然传承了下来,现在颜庄村的 9 个小村有各自的艺术专长。每逢过年,大村小村一起忙,都会有丰富多彩的乡民艺术表演,诸如踩高跷、旱船、舞狮子、舞龙、毛驴、大头娃娃、秧歌队、大鼓队、花鼓锣子等。最近几年,本村还专门把这些乡民艺术汇编成了龙灯队,参加成员一度达到 200 人,演出场面蔚为壮观。通常,龙灯队会在每年的初八集合,先进行排练,然后从正月十二开始正式的演出活动,正月十五在本村演出,演出当晚鞭炮礼花响彻天际,万人空巷,整个村庄沉浸在欢乐的海洋中。

---

① 访谈对象:王锡孔,男,颜庄村人。访谈时间:2009 年 8 月。

年节期间，颜庄村龙灯队的汇演一般是外村村委会成员向本村的龙灯队发出邀请函，本村村委会根据邀请的数目和具体位置等诸多因素，安排演出的路线、时间以及相关事宜，并在安排好这一切之后向外村发出回执信，然后龙灯队在规定的时间内前往演出。当然，有的时候由于上一个演出地点的民众过于热情，演出队伍不得不在那儿多停留一会，也就会耽误到下一个地点的演出。但是乡土社会本来就是一个熟人社会，协商在这里依然发挥着不可替代的作用。

到了演出的日子，龙灯队全体成员会先在村委会集合，一般在上午 9～10 点出发。他们去的第一站是去汶河边上“饮龙”。之后，龙灯队正式出发，开始一年的巡回演出。

外村的民众会早早地在村口迎接。龙灯队会在“花车”[①]的指引下先去村委会拜年，然后去村里“标志性”地点[②]进行演出，给民众拜年。多年来的拜年活动对龙灯队来说已经驾轻就熟，而对于那些惯于接受拜年的村落来说，这也已经成了一种年节期间不可或缺的仪式。

春节期间龙灯队外出演出

① 所谓的“花车”其实就是村委会成员们为本村打的招牌，车的周身会有一些宣传村落形象的画面，他们也会在此招牌的指引下收取一些演出费。

② 花鼓锣子的表演地点一般选在村落的村委会、村落交通要道、私企门前等。

此时的颜庄村就像是一个区域内的“土地爷”，掌管着四方村落的拜年活动；而周边村落的村民也认为只有有了龙灯队的参与，新年才算真正开始。他们还把这项活动当成考核本村村官是否合格的一条隐形标准。所有这一切使得颜庄村在区域内处于一个比较主动的位置，其他村落看着难免眼红。曾经某个村的村支书对颜庄村的支书说过这样的话：“如果给我钱，我也能组织一个这样的龙灯队。”颜庄支书一笑：“就是给你钱你也玩不转。”“颜庄龙灯队300多人，大部分还都是小青年，别的村根本就玩不起来。但是颜庄村大人多，它就能玩得转。”

在村外等待龙灯队与看演出的村民

当然这种情况的出现不是偶然的。首先，颜庄村历来就因为交通发达而成为区域内的商品集散地，“三天一小集，五天一大集”，这使颜庄村与周边村落的信息交流频繁，区域内的信息在颜庄村聚集、整合，尔后向周边村落传递。颜庄村成了地方性知识的“电台”。而颜庄村本身这方面的优势使其民众的信息和思想处于一个比较活跃的状态。颜庄村的民众掌握的知识较其他村落的民众就更丰富，而且在向外人传递信息的过程中就形成了其

“张扬”的个性，也使整个村落呈现出一种“外向”型性格。

承接以上的优势，颜庄村在发展的过程中具有更多的优势。交通的发达以及及时的消息传递使得颜庄村成为生意人眼中的风水宝地，加之本村土地很少，很多村民就选择经商或者外出打工作为自己的谋生之道。“城里人”的蜕变使本地的民众不会一年四季被束缚在土地上，他们有更多的时间来娱乐，而且他们也更善于表达自己的思想。当然在很多表达的声音中，民众都希望自己的声音能被别人听到，于是他们就开始在一个更小的地域范围内集合起来，试图通过集体的力量对地方的文化网络施加影响。

其次，颜庄村是颜庄镇政府所在地，本村民众与当地政府的接触比较密切。在中国这样一个熟人社会中，颜庄村与周边村落相比显然处于一个比较有利的地位。日常生活中，民众与本村的村委会有着千丝万缕的联系，年节期间给政府机关拜年以及日常生活中关于文艺演出的一些沟通交流就是他们与基层政府实现良好互动的必要的机会；而与政府的接触以及与政府有着所谓的“熟人”关系本身，又能增加一个人在地方文化网络中的权威性，而对于一个小自然村来说，这就意味着在与其他自然村进行竞争时有了更多的砝码。

然而2017年的调查却发现，颜庄村这支活跃了60多年的文艺宣传队最近几年的活动较少，春节期间的演出甚至已被取消。村民给我们解释道：

> 龙灯队刚成立那几年，政府的支持力度比较大，老百姓也很上心，即使表演的时候没有时间，就是请假也来参加。但是这几年政府对环境和安全控制得非常严格，我们表演的时候放的鞭炮和礼花又多，有很多安全隐患，政府怕出事就不怎么支持我们演出了。再说，一批老艺人去世，年轻的不喜欢玩这个，又都有自己的家口需要养活，慢慢地就不玩了。搁下的时间长了，我们也好像逐渐习惯了，就真的不玩了。[①]

至于龙灯队将来何去何从，目前无人可知。

① 应访谈对象要求此处匿名：男，颜庄村人。访谈时间：2017年3月。

除了上述的文艺宣传队，颜庄村还有好几个小的乡民艺术团。其中安善村的舞龙、永善村的旱船、天和村的花鼓锣子都被本村村民视为己有，并专门有自己村组织的艺术团队，在演出以及传承的链条上，一般很少有外人参与。[①] 乡民艺术发展一般比较缓慢。近20年来，本村村民一般只在年节期间将以前的传统艺术重复“温习”，对乡民艺术的改造很少。但是这种传统艺术毕竟是世代传承的结果，在“温习”的过程中，他们还是会极力与时代接轨。在这里，乡民艺术来源于生活，然后被重新糅合进新的生活，与现实生活实现了“平视”，这种扎根于乡土里的艺术注定了会在乡土社会中久开不败，这样的乡民艺术传统带给民众的是永久的精神滋养，村民也因此会为其发展尽心尽力。

二、锡雕银炉一条街

史学界普遍认为，资本主义萌芽在我国出现的时间是明代中期以后，主要分布于江苏、上海、杭州等东南沿海一带。直至清代，资本主义萌芽一直处于缓慢发展的状态，而萌芽及发展地区已经不再局限于上述地区。具体到山东，根据相关资料推断，在清代乾隆、嘉庆时期，随着当时商品经济的进一步发展，鲁西以及鲁中地区已经开始出现资本主义萌芽，并在道光年间有了较快的发展。泰安地区的烟草、花生已经实现规模种植，也有成批的商贩从事贩卖活动。除此之外，当时的民间手工艺也得到了长足的发展。

这些状况的出现对颜庄村的发展产生了深远的影响。前已述及，颜庄村地处交通枢纽位置，当时与有资本主义萌芽的泰安、济南距离很近，又是蒙阴、新泰等地的必经之路，有官道和驿站。大批客商、小贩从此经过，有利于刺激当地商品经济的繁荣发展。尤其值得一提的是，随着明清时期煤炭开采技术的进一步发展，境内煤炭产量也有了很快的增长，因此也带动了境

① 像天和村的花鼓锣子，一般不允许有外人参与演出，只教授给本村人；而在本村教授的时候，也遵循着传男不传女的规则。

内冶铁业、制锡业等手工业的发展。颜庄村的制锡业、银炉业也都在这个时期得到了很好的发展。

(一)杨家锡雕[①]

自清代道光年间开始,杨家的制锡业就已经在颜庄村初具规模。据当地民众讲,当时泰安县闹饥荒,当地一位叫杨纯的人因为逃荒到了莱芜颜庄村,看此地经济发达,自然资源丰富,于是就定居下来。但是作为"移民",杨纯缺乏必要的用以维持家庭的土地和经济来源,经人介绍遂去滕县(即山东滕州)学习制作锡制品的工艺。学成归来,开始在颜庄大街上以制作、售卖锡制品为业,并将其传给子孙后代,颜庄村的制锡业也在其代代相传的过程中逐步发展壮大。

杨家制锡业产品丰富,门类多样,精致美观,受到时人的赞誉。比如,颜庄村当地有酿酒的习俗,很多民众都可以酿酒,而用杨家的锡制蒸酒大锅酿出来的酒出酒率比普通的蒸酒大锅要高得多,而且酒的质量也更好,口感更醇厚。因此,周边地区甚至淄博、泰安、新泰等地的民众也都慕名前来。当地人冬天有将白酒放在火炉或热水中温热的习惯,将其称之为"筛酒",而用来筛酒的锡壶也因此称为"筛壶",很多人家都备有筛壶。筛壶属于锡制品中形体较大的,有用来手提的提系,还有壶嘴,内盛酒最多可达 1.5 公斤。除了筛壶,还有比筛壶稍小的旋壶。从筛壶中倒出来的白酒,需要先倒进旋壶,然后通过旋壶倒入酒杯。这种旋壶除了在招待客人的时候用之外,在给祖先上坟的时候也会用此盛酒。而酒撒比旋壶更小一点,便于民众将酒揣在身上随时饮用。

水壶也是杨家制锡业中的精品。与其他水壶相比,杨家的水壶质量上乘,厚度均匀,而且经久耐用,深受当地民众喜爱。值得一提的是,杨家水壶的壶盖上留有一个小孔。水杯烧开的时候,大量的水蒸气就顺着小孔往外

---

① 本节的撰写参见段明林、陈发祥:《颜庄杨家制锡业发展始末》,载政协莱芜市钢城区委员会编:《钢城文史》第 2 辑,莱芜市印刷二厂 2001 年印制,第 107～108 页。

冒，发出"吱吱"的声响，人们也由此可知水已经烧开，这项设计深得民众的欣赏，"杨锡壶"由此美名远播。

除此之外，杨家制锡业还有很多产品，比如民众日常生活中经常用到、结婚的时候也会用到的烛台。杨家制作的烛台外观精美，经久耐用，很多结婚的新人都会有一对杨家制作的烛台。除此之外，杨家制锡业还制作一些小型的随葬品，比如桌子、椅子、凳子等常见品，只不过形制更小，也因此更精致一些。

中华人民共和国成立之后，当地的酿酒业进一步发展，酿酒之风盛行，民众饮酒之俗也很普遍。杨家的锡制蒸酒大锅以及一系列的饮酒用品长期生意兴隆，杨家制锡业也因此获得了很大的发展。为了更好地发展制锡业，满足地区民众对锡制品的需求，杨家有时需要雇用数十名工人辅助进行生产，这也从一个侧面反映了当时杨家制锡业的兴盛之况。

随着冶炼业以及手工艺的进步，大量廉价、批量生产的铝制品以及白铁制品开始流入当地市场，而锡制品由于产量低、成本高、费时长等因素的制约，锡制产品的发展开始走下坡路，并最终于 20 世纪 70 年代在其第六代孙杨振文的手中完全衰败。如今，在说到当地代表性的乡民艺术时，大部分人仍然还会提到杨家锡雕，政府也将其作为当地乡民艺术的代表，这也反映了杨家锡雕在当时的繁盛情况以及对民众生活产生的深远影响。

（二）李家银炉①

据李家银炉第六代传人李光前讲述，清代光绪年间，江西省半城县李家坊子人李明和由于家庭突遭变故，无奈之下携二子李正有、李正兴一路北上，最终辗转来到了颜庄村。李明和对银炉业非常感兴趣，听说颜庄村当地有银炉业而且生意比较好，考虑到以后也可以以此作为谋生的门路，于是就在颜庄村住下来，并去了当时在颜庄村经营银炉生意的鄢氏银炉家学习。进入鄢氏家之后，李明和从伙计开始做起。他表现勤快，吃苦耐劳，潜心学艺，每日更是早起晚睡，颇得主人赏识，于是将其收为掌门弟子。

后来，鄢氏银炉业逐渐式微，李明和于是自己另起炉灶，一个人开办李

---

① 本节的撰写参见王锡孔：《颜庄李家银炉》，载政协莱芜市钢城区委员会编：《钢城文史》第 2 辑，莱芜市印刷二厂 2001 年印制，第 100～102 页。

家银炉业。由于之前学艺很精，对制作银炉的技巧掌握得当，因此，李家银炉业开办得非常顺利，顾客往来不绝，慢慢地在周边地区就有了很好的名声。随着生意的发展，李家已经积累起一定的财富，两个儿子又已经成年，就有媒人开始上门提亲。两个儿子成家之后，李家更是人口兴旺，李家银炉发展更为迅速，一度发展到五支银炉。适逢集市或者节日，李家银炉更是供不应求，生意极好。除此之外，李家还将银炉业做到了黄庄、寨子、清泥沟等地，逢集就去卖银炉制品，春节期间更是因为需求太多而忙不过来。李家的银炉业一度达到了鼎盛时期。

李家银炉主要的产品是面向妇女和孩子的。当地民间妇女有“穿金戴银”的习惯。妇女穿耳洞之后要戴耳坠。李家银炉的耳坠有很多形状，取名也主要使用当地常见的一些生活、生产用品，比如豆皮碗子形、南瓜种子形；头饰有尖头针、藕形针、海棠针、疙瘩针等等；还会制作一些手环、项链等等，制作精细，花样繁多，深受当地民众的喜欢。除此之外，李家银炉还会制作一些小孩常用的饰品，比如大人用来求子的麒麟送子锁、小孩出生之后要佩戴的长命百岁锁、小手镯、小项圈，以及可以保佑孩子吉祥如意的龙凤呈祥锁、望子成龙的大印锁等等。

李家银炉之所以受区域民众的欢迎，与其精细的做工是分不开的。要打造好一件银饰，需要的工序很多，而且每道工序都需要极大的耐心与技术，操作起来非常困难。首先要将碎银置于茶碗大小的锅内进行熔炼，熔炼好的银液要接着倒入木槽内冷却成银条，木槽长约 10 厘米，宽和高各 2 厘米，银条也基本是此大小；冷却好的银条需要再次加温，等温度加到一定程度之后，就可以进行抽丝，即将银条抽成粗细、长短不一的银丝，据说最细的银丝其直径还不到半毫米。抽丝是整个工序中比较费时、费力的活，也是非常重要的一个程序。

接下来需要将拔好的银丝打成银片。开片的时候需要用模具在银条上印制所需要的花形，然后将多余的部分剪去即可。之后就到了最难的一关——合焊，这也是最为关键的一关。银炉匠人有云：“十年功夫磨，关键会吹火。”火大了，就会把银丝熔化掉；火小的话，又会因为温度不够而粘连不好，质量不过关。在过去，由于技术不够发达，吹火对接的时候只能靠人嘴，

吹火人弄得“脸红脖子粗”也在所不惜,只为避免意外而导致前功尽弃。随后是磋磨,即用大小不一的钢锉将银饰打磨整洁。最后一道工序是酶光,此工序是为了使银饰看起来更为光滑有色泽。先在酶锅里放入一定比例的白矾和水,然后将打磨好的银饰放入其中,待其煮沸之后,将银饰上的烟垢用铜板刷去除,之后便可以进行售卖了。

“文化大革命”期间,银炉产品一度被划归为“四旧”用品,制作银饰的工具和模具被全部毁坏,李家的银炉生意遭到严重破坏。改革开放之后,李家银炉的第六代传承人李光前不忍传承了几代的技艺就此消亡,就重新购买工具和模具,抱着试试看的心态重新将李家银炉开办起来。尽管手艺荒废多年,很多技艺已经生疏甚至遗忘,李光前还是克服了重重困难,仔细回忆,耐心琢磨,在继承前辈技艺的基础上,又有了自己的创新。比如创作了“戒指四连环”,这种戒指戴在手上是三朵梅花,但是取下来的时候却是四个互相嵌连在一起的银环。当地民众对这种技艺赞不绝口,一时间李家银炉的口碑重又建立起来,生意也越做越好。

(三)东泉的柳编

杨家的锡雕业和李家银炉业长期在区域社会中享有盛誉,颜庄大街也因此得名“锡雕银炉一条街”。直至今日,当地民众对两家的产品仍是赞不绝口,仍然将其当作村庄的标志性文化。事实上,当时颜庄大街上还有很多手艺人,他们的技艺有些也是非常高超,生意也很好,比如东泉村的柳条编制品。

东泉村因泉多得名,村庄处处冒泉水,而且水质极好,俨然江南水乡。民众因地制宜,在当地栽种柳子。柳子喜水,长势很好。收割之后,民间艺人便将其进行编制,制作成当地民众常用的柳条编。柳子与白蜡条不同,更为柔软,韧性也更好一些,是北方地区常见的条编原料。用柳子编制的用品主要有提篮、爬篮、筛子等。提篮形如元宝,上边也是弧形的把,但是比架筐更为轻便,做工也更为精细。逢集或者去园子里摘菜的时候,将其挎在胳膊上,既美观又实用。此外,提篮还有另外一种用处:用来藏家中的好吃的或钱物,以防孩子偷吃或被老鼠糟蹋。这时需要用一根绳子或铁丝穿在提篮

的把上，然后将提篮高高挂在房梁上。如此一来，家中的小孩就不容易够得到。如村民回忆：

> 小的时候，家里有点好吃的不舍得吃，就要用提篮把它们都挂起来。我那时候还小，每次去奶奶家的时候，她总能变戏法一样给我从那个提篮里拿出好吃的来，我也经常望着那个提篮出神，一直在想那个提篮中到底放了什么好吃的。我到现在都对提篮有一种特殊的感情。[①]

随着物质生活水平的不断提高，当地的这种习俗也早已销声匿迹，但是这种提篮现在还有，只不过已经较为少见，而且多见于摘菜的时候使用。

爬篮一般很浅，用来晾晒一些农产品，比如红枣、柿子、山楂、石榴、谷穗等。北方百姓尤其喜欢用爬篮来晒枣子，而调皮的小孩喜欢躺在枣子上玩。小孩与红红的枣子、爬篮构成一幅绝美的画面，也因此民间很多送子的预言中都有这样的情景：梦见一爬篮枣子里边躺着一个白白嫩嫩的娃娃。除了大爬篮，当地还有一些比较小的爬篮，这种爬篮主要是用来盛妇女们做衣服、鞋子等用的针头线脑、鞋样、剪子、锥子等。筛子主要是用来筛去谷子的糠等，还可以用来盛放家中的一些物品，并吊起四个角挂在房梁上，以防被孩子偷吃或被鼠虫咬噬。

随着东泉村泉水日益干涸，柳子再也得不到大面积种植，再加上各种现代化生活用品、农业工具进入当地，柳条编织品也慢慢退出当地民众的视野，掌握柳条编的艺人也越来越少，这一门手艺日渐式微。

三、村庄里的“状元高中”[②]

20 世纪 40 年代，整个钢城区教育十分落后，境内文盲率高达 90%以上，职业教育、中等学校教育全无，遑论幼儿教育。50 年代以后，当地政府大力发展教育。1951 年，在颜庄村建立了颜庄西沟高级小学，这是颜庄镇境内最早建立

① 应访谈对象要求此处匿名：张某，男，唐家宅人。访谈时间：2017 年 3 月。

② 本节的撰写参见张仲之：《莱芜市第四中学》，载政协莱芜市钢城区委员会编：《钢城文史》第 1 辑，莱芜市印刷二厂 1999 年印制，第 83～92 页。

的一所公办初等高级小学。在 1956 年的小升初考试中，被莱芜一中录取 30 多人，创造了全市的最高升学率，成功荣升莱芜县初等高级小学“四大名校”之一[1]，受到县教育局以及政府部门的高度赞赏。之后，西沟小学再接再厉，为区域内人才的培养做出了非常大的贡献。1958 年，钢城区建立了境内第一所公办初级中学——莱芜第四中学，因其位于钢城区颜庄镇颜庄村，所以当地人又称之为“颜庄四中”。学校成立近 60 年以来，除 1966～1967 年以及 1969～1976 年没有毕业生之外，其余年份均培养出高中生及大、中专学生。尤其自 1984 年以来，学校多次被评为莱芜市教学先进单位、文明单位、教书育人先进单位、市级规范化学校等。2017 年，颜庄四中高考学生摘得莱芜市理科状元的桂冠，军检线以上者有 743 人，本科上线率超过 80%。莱芜四中犹如一匹黑马，成为当地民众关注的焦点，也是人们口中的“状元高中”。

莱芜四中

综观莱芜四中的发展历程，大致分为四个阶段：(1)建校 8 年期间的初步发展时期；(2)“文化大革命”止步不前时期；(3)恢复高考至 21 世纪初的稳步发展时期；(4)近几年的快速发展期。

① 当时莱芜县的四大初等高级小学名校是：西关高小、口镇高小、鲁西高小、西沟高小。

(一)初创期

莱芜四中成立于1958年春天,最初命名为“莱芜县第四中学”。最初学校规划较大,但是由于财政不足等原因,学校建成之初占地只有8亩,建校之后收的第一届学生总共112名,分成2个班。1960年春节,学校又招收了2个班。1963年,在地方政府和群众的支持帮助下,颜庄公社招收了“民办中学班”。由于当时没有地方给这批学生上课,就暂时将教室定在四中校内,后来将这些民中班的学生并入莱芜四中,并与本校第六届学生同时毕业。直至“文化大革命”之前,莱芜四中共招收八级学生,在校学生人数最多时有400余人,分为8个班,当时教职工也有20余人。从1960年开始,莱芜四中进行了局部调整,撤销了部分初中,动员年龄稍大的学生尤其是15岁以上的学生回家,并对剩余的学生实行撤班并校的办法,对资源进行有效整合。

莱芜四中自建校起,就一直秉承重视学校教育教学质量,培养学生全面素质的办学方针。学校实行校长负责制,另设教导处、团委、总务处等管理部门,各部门目标明确,责任到位。学校还制定了严格的考勤以及教学检测评估、学生行为规范等制度,并于每月开展一次评课活动。广大教职工一心扑在教育事业上,兢兢业业。当时教师每月的工资还不够养家糊口,但是即使在这种情况下,教师们还是依然坚持在自己的岗位上,始终把教学作为自己的首要任务。在校学生对知识求知若渴,除了吃饭睡觉,其余的时间几乎都在认真学习。也正是在这种浓厚的求学氛围中,当时莱芜的教育教学质量一直名列前茅,成为整个莱芜甚至泰安地区的名校。

(二)止步不前时期

“文化大革命”时期,莱芜四中的发展受到了极大的影响。当时为了适应上级政府“学工学农”运动的需求,莱芜四中于1971年开始办厂,主要制造广播喇叭和小五金。在全校师生的共同努力下,莱芜四中的校办工厂有了较大起色,成为莱芜校办工厂中规模和效益较好的单位。1975年,四中开办

了农场，地址位于离学校10公里处的东峪村。经过艰苦奋斗，学校农场的土地有30亩之多，房子一共有9间，另有猪圈6间，种植的花生、谷子、小麦等产量较高。之后，随着国家政策形势的转变，以及学校步入正轨后对农场缺乏必要的管理，最终于1981年将其无偿给了东峪村。

（三）稳步发展期

1979年，莱芜四中恢复初中生的招生工作，成为高中、初中俱全的中学。当时初中部每个年级招2个班，一直到1987年停招，中间一共招了8届，之后一直到现在只招收高中生。1984年，莱芜县升级为县级市，莱芜县第四中学也因此改名为“莱芜市第四中学”。1992年，莱芜由县级市升级为地级市，四中也因此被划归为钢城区管辖。在这个时期，学校对硬件设施以及教育教学方面进行了一系列的改革，学校的综合能力和升学率有了较大的提升。

1979年，莱芜四中建成了能同时容纳18个班级学生的教学楼，1980年又建成一栋实验办公楼，1981年建起了多学科的实验室，并改建了一座宿舍楼，解决了学生住宿难的问题。1984年解决了老师在校住宿的问题。之后，在上级政府、当地群众以及社会各界热心人士的支持和帮助下，学校于1989～1990年共投资200万元建起了学生以及教职工宿舍楼各一座，还重新修建了一座办公楼。之后，学校领导以及当地政府想办法对学校的操场进行了改修，对学校的围墙也一并进行了加固。1998年，学校投资500多万元修建了图书实验楼。到1995年，学校的占地面积从最初的8亩扩大到了80亩。

莱芜四中在注重学校硬件设施建设的同时，也一直非常重视教育教学质量的提升。1979年，学校组织教师去黄县一中等学校进行参观学习，这成为当时莱芜市组织教师外出学习的首例。以校长为核心的校领导也积极关心教职工的生活，为有困难的教师提供帮助，还给一些未婚大龄青年介绍对象，并专门设立“红媒奖”。

如此一来，四中的教育理念就走在了全市的前列，而校领导实施的一系列旨在解决教师困难的措施在留下优秀教师的同时，也为学校吸引了不少

优秀人才，对学校教育教学质量的提升起着至关重要的作用。在高考恢复的第二年，莱芜四中就考上了大、中专 54 人。至 1983 年，大、中专录取人数已经突破百人，位居泰安地区高考录取人数的第一名。1995～1998 年，本科上线人数连续四年超过百人。与此同时，学校在德智体美劳等方面也培养出了很多人才，比如男子排球队成绩一直稳居莱芜首位，高考体育特长生录取率也一直在莱芜市名列前茅。这些成就不仅鼓舞着莱芜四中的师生们，也引起了当地民众、莱芜地区乃至泰安地区的关注。

(四)快速发展期

为了进一步优化配置教育资源，提升区域内的教育教学质量，钢城区委、区政府于 2002 年 8 月决定将钢城一中与莱芜四中进行合并，合并之后的学校还是沿用之前“莱芜四中”的名称，并将校址迁往原来钢城一中的位置，莱芜四中自此进入创建省级规范化学校阶段，并采取了很多提升学校综合实力的措施，进入了快速发展时期。

新的莱芜四中成立之后，得到了钢城区以及区政府的大力支持，政府先后给莱芜四中投资近 5000 万元，支持学校进行教学楼、宿舍楼、餐厅的修建和改建工作，学校由此配备了很多现代化的教学设施，比如计算机室、多媒体教室等，硬件设施有了很大的改进。同时，学校继续注重教师队伍的建设，在引进优秀教师方面下大力气，对优秀教师的引进费用以及奖励力度都非常大。此外，学校还对中考成绩优异者给予奖励，不仅减免他们在校期间的一切费用，还会给予一定额度的奖励，成绩特别优秀者可奖励 1 万元。近几年来，莱芜四中也成为莱芜地区高考的“黑马”，一再刷新高考成绩。2017 年，理科状元花落四中，更是将莱芜四中推向了一个新的高峰。

颜庄村自古就有崇文的习惯。调查中发现，当地民众的家谱中对家族中的文化人多有详细的介绍，并提倡族人向他们学习；对于一些学习成绩优异而家庭贫困者，族人还会提供接济，资助他们完成学业。日常生活中，民众对当地的“文化人”非常崇敬，去南、北阁子烧香的时候对文曲星也是崇拜有加，希望自己的后人好好读书，做一个对社会有用的人。现代的高考制度

实施之后，民众以后代能出大学生为傲，顶着大学生光环的后辈也因此成为家族兴旺发达的希望和寄托。如村民所讲：

> 你说人活一辈子留下个啥，光溜溜地来，光溜溜地走，其实真正能留下的不就是孩子吗？大家都是望子成龙，希望孩子比我们好。只要孩子有出息，我们就是砸锅卖铁也会供他读书。你别看一些人家一副很有钱的样子，孩子考不上学，家庭很快就会衰落，其实他们对家里有大学生的羡慕得不得了。这些大学生是一个家庭的面子和腰杆子。[①]

家里有个大学生，其父母还会被当地民众称作"有福气的人"，在一些重要场合，这些人会被专门邀请以增添喜气。

当地基层政府会对颜庄村考上大学的学生给予一定的奖励。比如2011年给每位考上本科的学生奖励现金200元、奖品300元，奖品主要是文具之类的东西；2014年在原来的基础上又增加了奖励的数额，变成了奖金400元、奖品300元。大村会专门派人将这些奖金和奖品送到家里，并附上村里自制的金榜题名卡片。除此之外，大村还专门写有贺词。例如，2016年就有如下贺词：

2016年欢送新大学生贺词

> 今天，值此祥和之日，我们在这里集会，共同经历一个难忘的时刻。
>
> 首先，让我代表颜庄镇滨河社区党委、颜庄村民委员会对每一位考上大学的学生表示热烈的祝贺。你们用自己的辛勤努力换来了大学殿堂的通知书，也为我们村带来了未来发展的动力和源泉。我们为你们所取得的成绩感到骄傲，为你们的成人成才感到欣慰。
>
> 十年寒窗磨利剑，直指金榜题名时。伴随着对知识的渴求、对未来的向往，你们就要告别生活了多年的家乡，告别辛勤养育你们的父母，踏上新的人生征程，去创造新的人生辉煌了。大学是一个美好又广阔的天地，是你们施展自我、发挥才能的舞台。但是，你们更需要记住，大学是你们未来走向社会的加油站，是你们改变自身命运的转折点。希望你们进入大学校园后，仍然能保持勤奋刻苦的传统，在知识的摇篮里不断充实自己，为自己的未来做好规划，用你们的优异成绩来回馈社会

① 应访谈对象要求此处匿名：男，颜庄村人。访谈时间：2017年3月。

的关爱，回报家乡和父母的养育之恩。我们颜庄村全体村民将会一直陪伴你们，等待着你们成功的喜讯、胜利的捷报，也完全相信你们一定会在今后的日子里满怀豪情，书写更加光辉灿烂的诗篇，走向更加光辉灿烂的未来！

最后，衷心祝愿同学们生活愉快，学业有成！

颜庄村民委员会

除了上述奖励之外，小村也会对这些大学生给予一定的奖励，但是奖金数额相对较少，通常是100～300元，要视各村的具体情况而定。

四、昔日名人轶事

（一）“东泉的狗会打拳”

东泉村历来有尚武的风气。历史上，本村出过著名的武状元——武学修，当地在2012年重修的《武氏族谱》中有较为详细的记载：

相传吾祖自明初年间由冀州直隶枣强迁出。迄今六百余年，子孙繁衍二十余代，颜庄支因生活所需分别卜居颜庄、东泉、莲池、西沟、潘家沟……学修公武秀才，曲阜奎文阁典籍，清五品，民国时期区长。幼时聪颖。十余岁时体貌英俊魁梧。邑有精通武术者，徒步前往求教，尽得其技。公武艺高强、骁勇绝伦。考取武秀才。被任命为曲阜奎文阁典籍。官居五品。年老还乡，仗义疏财，督工修筑河堤防水患。惩奸商除贪官。浩然正气。百姓颂之。

据当地民众讲述，武学修做人耿直、大方，爱打抱不平。他年轻的时候经过泰安地区，听说当地有一位地主恶霸，强迫村庄的妇女在新婚之前都要先与他共度一晚，否则他就会打击报复，轻则使人倾家荡产，重则使人丢掉性命。当地民众虽然对其恨之入骨，但无奈他家大业大，而且与当地某些黑暗势力相勾结，百姓对其奈何不得。武学修听后愤愤不平，找准时机就将此恶霸除掉了。当地民众对武学修万分感激，一路上敲锣打鼓将两块牌匾送

至颜庄村东泉武学修家。武家大门至今依然存在，大门两边的雕花石还在，只不过门上悬挂的牌匾在“文化大革命”期间被砸掉，只剩下两颗悬挂牌匾的钉子。而至于牌匾上的内容，当地民众也已经忘记，只记得大意是夸奖武学修为民除害，耿直仗义，深得人心。

武学修考取“武秀才”以及为民除害的事迹，带动了武家甚至整个东泉村民众爱好习武的风俗，有些村民甚至开设武馆，招收学生习武，十里八乡很多爱好习武之人都在东泉学习过。因此，武学修家在东泉村一直深受民众崇敬，武家老屋“双旗杆、双牌匾”的事迹也被当地民众津津乐道，习武习俗也一直被保留下来。东泉民众在这样一种尚武的环境中难免耳濡目染，很多人即使不会打拳，也能说个一二。因此，就有民众戏谑地说：“别说东泉的人，就是东泉的狗都会打拳。”

如今的武家大门

(二)“大力王”苗猛的故事[①]

清朝末年，颜庄村出了一位力大无穷的苗猛。苗猛高大魁梧，几十斤的石锤在手，仍能够轻松自在地玩耍。苗猛不仅力气非常大，饭量也大得惊人。有一次，他的母亲做了 20 多个窝头，他三下五除二就吃得只剩下了 2 个，还是专门给母亲留的。俗话说，能吃才能干。当时有很多人会帮盐店运盐。时值春季，水浅沙多，推车经过河中的时候会压出一道很深的车辙，

① 访谈对象：武玉春，男，颜庄村人。访谈时间：2017 年 4 月。

车子容易陷在柔软的沙子里面，所以推车至少需要三个帮手才能顺利通过。有一次，苗猛正好帮人运盐，看到前边的车子运行缓慢，过河需要很长的时间，就想着不用排队自己先过去。“抢辙”是一种不文明的行为，推车的民众见此情景非常生气。苗猛见状，就将盐和车子一起扛在了肩上，迅速地过了河。周围推车的民众见状惊讶不已：车子加上盐有好几百斤，苗猛扛在肩上却轻松自如。

又有一年，苗猛家中需要一口大缸，他就去博山买。到了卖缸的地方之后，苗猛在市场转悠了几圈。老板看出了苗猛的心思，就问他买不买。苗猛说“买”，顺带说了一句，“你又不便宜点”。老板没有回答，继续问他：“你要买什么样的缸？你怎么把缸运回去？”苗猛回答道：“买一号缸，自己挑回去。”老板一听，不以为然：一号缸又大又厚，一口缸就有200斤，两口就是400斤，一个成年男子是无论如何也很难挑到颜庄村去的。苗猛看老板面露怀疑之色，接着说：“我真的是要自己挑回去的。”老板迟疑了一下说：“你如果真的能用肩挑两口大缸回家，那这大缸就白送给你；如果你挑不动，那就得按照原来的价格付账。”

苗猛一听，高兴坏了，马上就用绳子拴住大缸。准备挑起来时，老板又送给他2套盆，这两套盆重达100斤，加起来一共500斤。老板对苗猛说：“如果你能挑过青石关，而且中间不休息的话，我就不要你的钱了；如果你挑不到那里，我还是要收钱。”苗猛听后挑起大缸和盆就走，老板吩咐店里的伙计紧随其后。从博山市场到青石关有10多里的路，而且一路上大部分是上坡路，那个伙计在后边跟得气喘吁吁，而苗猛跟没事人一样，挑着担子在前边走得飞快。到了青石关顶，苗猛自己挑着担子喝了一瓢水，然后对伙计说：“我已经到达青石关顶，接下来的路我自己走就可以了。”说完就直奔山下而去，小伙计见状惊得说不出话来。苗猛就这样一路飞奔到家，中间没有休息。当地民众听说此事之后，对苗猛这个大力王敬佩不已。

苗猛不仅力大如神，也与上述武学修一样耿直仗义，喜欢打抱不平。有一次，他听说在沂源县的一户地主家，有一个仗着自己力大能干、喜欢欺负短工的工头，人们给他取名叫“鹰”，寓意其凶狠无比。苗猛听后非常气愤，

决定想办法将其制服，为短工们出气。于是，苗猛与本村的一名同样身体强壮的李姓青年赶到了这户地主家里。当时适逢秋收季节，因为山路崎岖狭窄，人担着谷子走在山路上，需要大家一起换肩，否则一个人换不过来。苗猛和李姓青年将鹰夹在中间，使其没法换肩，累得他汗流浃背。之后，趁着换肩的时机，苗猛将一把谷子撒在了鹰的肩膀上，谷子与汗水混合，直磨得鹰的肩膀生疼。几番下来，鹰的肩膀磨出了鲜血。向来只是欺负别人的鹰何时受过这种委屈，一气之下就病倒了。病好之后，鹰很好地吸取了这次的教训，再也不欺负那些短工了。苗猛因此威名远播。

第五章 村庄里的国家文化遗产:花鼓锣子

一、历史溯源

相传清末民初时期,颜庄村这个因道而兴的村落开始了它的繁华期。四方民众、三教九流云集于此。天和村民瞅准时机,在临街边开了很多旅店,专供过往行人吃饭歇脚。话说有一天,有一群人进了某个小店。吃完饭之后,他们开始将各自的工具耍将起来,乞丐敲着自己的花鼓,艺人打着自己的铜锣,磨剪刀的打着夹板,卖老鼠药的耍着旱伞,一旁的旅客也随着"音乐"的高低起伏哼唱起来,在场的观众连连称好。此后,这些人常常联合到集市的某个小摊贩面前,对施舍者歌功颂德,以此赢得他们的欢喜,以期施舍者给更多的钱。本村平常就热爱民间文艺的村民张凤旨、苗传美等人见此甚是喜欢,于是就把这些乞讨艺术学过来,又加上自己的改造,一种独特的歌舞说唱形式就此诞生。由于此种民间艺术的演出道具主要是花鼓和铜锣,于是得名"花鼓锣子"。目前,花鼓锣子已历经四代。其最初的演出形式是由 5 人组成的。演出之前,首先由丑角轰场子,然后悠扬的唢呐、欢快的锣鼓渐次响起,领舞者腰系腰鼓边跑边敲,接着打夹板者、打伞者以及打小镲

与打锣者依次上场，在领舞者的带领下边跳边唱，说唱的内容不外乎预祝风调雨顺、恭喜发财以及一些调侃性的词。这其中，演员们为了取悦观众，也为了自身艺术创新的喜悦，也会自行加进一些有难度的动作。一般几场下来，演员们就会汗流浃背，浑身脏兮兮的。

据此算来，花鼓锣子传承至今已有百余年的历史。在这一个多世纪里，花鼓锣子的传承虽然不曾间断，但是其兴盛期却与当时的政治运动紧紧联系在一起。据民间的老艺人们回忆，抗战期间，全民都抗击日寇，民众根本没有时间去研究这门艺术；20 世纪 50 年代的“农业学大寨”以及后来的政治运动也使花鼓锣子被搁置一旁；直到 80 年代，花鼓锣子才又慢慢出现在村民的生活中，但是很多时候又是“年景好的话就玩，年景不好就不玩”，“玩的目的就是为了不让老一辈的东西失传，别的好处是没有的”。在很多村民的眼中，花鼓锣子已经不仅仅是一种乡民艺术，更多的是承载着本村的传统文化，是村落文化网络中一个很重要的组成部分，也是天和村区别于其他村落的重要元素。因此，这种乡民艺术也就变成了全体村民共同的艺术。近年来，民间艺人玩花鼓锣子不再以经济利益为出发点，而多把传承作为首要目标，这就为花鼓锣子的良性发展提供了有利条件。

如今，花鼓锣子展示的不仅是天河村的村落个性，它也展示着颜庄村、颜庄镇、莱芜乃至整个民族的个性。花鼓锣子从民间艺术变成了国家的大传统，成了国家的文化遗产，受到主流文化的高度重视。但在这样的转变中，花鼓锣子也可能会向大传统倾斜，失去本身的一些特色。

二、传承人及主要角色

花鼓锣子历经五代传承人的继承和发展，期间虽然经历过诸多波折起伏，但是本着不能让祖先的艺术失传的精神，艺人们还是坚持将其展演至今。

创始人张凤旨与活跃于 20 世纪三四十年代的杨振秋、李圣儒、杨振文、崔吉庆、吴式松等是花鼓锣子的第二代传承人，活跃于五六十年代的吴修贵、李光前、李成业、吴茂福、魏光润等是花鼓锣子的第三代传承人，活跃于

七八十年代的魏振玉、朱广福、魏振贵、吕庆山等是花鼓锣子的第四代传承人。如今,花鼓锣子正在第五代传承人李沛庆、李沛敢等人的手中继承发展。从第三代传承人开始,花鼓锣子就开始在唱词以及表演的形式上有了很大的变化。听第四代传承人魏振玉讲,在光景好的时候,花鼓锣子的表演队伍曾经有好几十人,表演的花样也有十几种。

笔者在调查期间曾观看过花鼓锣子的表演,其中演员年龄相差悬殊,老者年逾花甲,少者是十几岁的少年,这种情况使花鼓锣子很难顺利地发展下去:老者有闲暇时间,对花鼓锣子有很深的感情,但是已经力不从心;年少者由于学业繁重,而且爱面子,没有精力也没有那么多耐心来学习这项技艺。随着社会的发展,越来越多的年轻人开始外出打工,花鼓锣子的传承出现青黄不接的情况。

三、组织过程及表演形式

(一)一气呵成的组织过程

作为一项流传百余年的乡民艺术,花鼓锣子自有一套行之有效的组织体系。旧时花鼓锣子的演出主要集中于年节期间。组织者主要为花鼓锣子的资深演员,并且能代表艺人们的利益,并具有较强的与外界沟通的能力。民间老艺人们一般在秋收之后,跟花鼓锣子的主要演员打好招呼,在指定的时间到指定的地点进行训练[①],并适时培养

大鼓

① 一般训练时间会定在腊月二十以后,年后的一般会在正月初八以后;地点一般选在一个比较开阔的地方。近几年,由于打工者增多,训练的时间已经越来越少,而且很多演员因为工作的关系也不能随叫随到了。

新的花鼓锣子传承人。等训练好了以后，就开始制定演出的路线。到达一个演出地点以后，由于围观群众甚多，就需要“轰场子”。过去是一人拿着燃烧的牛粪围着场子走一遭，待人群变成一个圈，艺人们开始登场表演。一段下来，背褡子者开始将褡子放于胸前，“有钱的出钱，有力的出力”，最后所得由花鼓锣子的演员们平分，并会余下一些钱用来添置新的演出用具，演员们对此是“不患寡而患不均”，因此在旧有的组织体系下整个排练演出过程是一气呵成。

(二)诙谐有趣的民间语言

花鼓锣子的看点很大一部分在于它的即景生情，语言诙谐有趣，“只有唱着上口、念着顺的才是好词”。花鼓锣子最初主要是一种要饭的技艺。艺人们为了博得施舍者的同情，就必须使出浑身解数，使表演更加生动，唱词朗朗上口。但是旧时的老艺人们一般是家庭贫穷者，家中无力供他们上学，文化水平不高，于是民间艺人们就充分发掘当地方言、土语的优势，寓讽刺于嬉笑，寓喜爱于骂俏，以一种非常新鲜的方式表达社会最底层人民的心声。这种方式因为多是口口相授，很多好的段子随演随丢，很难传承下来。下面介绍几段比较好的段子。有给各个门头讨彩的：

(唱)　我给老板拜年来，生意兴隆通四海。
　　　恭喜恭喜恭大喜，发财发财发大财。
(夹板)　我给老板拜年来，生意兴隆乐开怀。
　　　乐开怀，乐开怀，祝愿今年发大财。
(众白)　乐开怀，乐开怀，祝愿今年发大财。

也有给群众拜年的：

打起鼓来敲起锣，大伙上场乐呵呵。
今天不把别的唱，唱一唱小两口子拜年歌。

还有一些戏谑调侃的：

花鼓锣子到江西[①],一个大嫂抱只鸡。

紧走几步赶上去,一看还是我的妻。

花鼓锣子的语言可荤可素,其目的就是博众人一笑,因此在对待传统以及伦理方面不甚认真,更多的是以反传统或者反伦理的方式来达到幽默的效果。

(三)"会说话"的演员服饰

由于花鼓锣子主要是为了博君一笑,演员们的服饰就需显得滑稽可笑,因此他们一般都是穿着乞丐的衣服,浑身上下破衣烂衫,补丁摞补丁,以期收到"哗众取宠"的效果。以下是对老艺人们服饰的描述:

"打腰鼓者"头扎宽 40 厘米、长 72 厘米的黑色绸巾,插红色绒球面牌。穿黑色对襟上衣,粉红色镶蓝边的坎肩,深蓝色中式裤,黑色快靴。

"击夹板者"不插面牌,画豆腐块脸谱,上衣为白色,坎肩为黑色镶金边,扎红绸腰带。除此之外,其他穿戴均同打腰鼓者。

"打伞者"戴卡胡鼻,左肩披白凡布褡裢,其他穿戴均同打夹板者。

"打小锣者"梳一条大辫子,左、右鬓戴红绒花。穿粉红色花布偏襟褂,镶黄色花边的粉红色中式裤,绿色彩鞋,扎黑色兜兜。

"打小镲者"除不扎兜兜外,其他穿戴均同打小锣者。[②]

旧时花鼓锣子表演

① 此处的"江西"指的是本村北部的一条河的西部,而不是江西省。

② 山东省莱芜市钢城区文化局:《莱芜颜庄村花鼓锣子申报书》,2007 年 4 月 28 日。

（四）简单欢快的动作

旧时花鼓锣子的演出队形有“龙摆尾”“八字形串花”“挖门式”“转灯式”“跑圆场”等10多种花样，现在一上场就开始跑最简单的“八字形串花”，几次重复下来就结束了。这种过于简单的表演形式对观众的吸引力也在逐渐减弱。

笔者翻阅《莱芜颜庄村花鼓锣子申报书》时看到了老艺人们的一些“书面动作”：

打鼓者基本动作：做法（碎步击鼓），右肩斜挎腰，双手各持鼓槌，双膝微屈“碎步”前行。同时双手先右后左，每拍击打两下前鼓面。

打小锣、打小镲者动作：做法（碎步击鼓），步法同打鼓者，二人分别持锣、镲，每拍击打两下。

击夹板者动作：击板、双手各握夹板的手柄，保持夹板垂立，以双手的开、合使夹板相撞发出声响，同时还有“蹦跳步”“转跳步”“马步蹲颤”等。

打伞者动作：持伞者一手握伞柄，一手对伞进行自如收放，同时将伞上下摆动，并伴有“蹦跳步”“转跳步”“马步蹲颤”等动作。

花鼓锣子演出盛况

在乡村这一方比较封闭的土地上，艺人们大胆地用身体语言表达着自己对生活的热爱，展示给我们的不光是艺术的魅力，更多的是村落的文化和民众的个性。

(五)轻松活泼的音乐

花鼓锣子跳得好不好，很重要的一个标准就是动作是否欢快，而欢快的动作必然离不开轻快活泼有动感的音乐。花鼓锣子以民间小调为基础，加上民间艺人多年的精心挑选以及修改，速度以中慢为主，沉稳中不失欢快，简单而又意蕴深长，容易学习和便于艺人识记。也正是由于这样的特点，花鼓锣子才能在民众中间广为流传，为其顺利发展奠定了良好的群众基础。

四、演出文本

近年来，随着"遗产热"的出现，很多民间艺术被重现发掘，伴随这一过程的还有对民间艺术的再定义。花鼓锣子也在这样的背景下被发掘出来，从偏于一隅的乡民艺术一跃成为省级非物质文化遗产，其自身也被赋予了很多"他者"的因素——他者的阐释、保护、再造等。乡民艺术的很多内容被置换，其发展也呈现出更复杂的状态。

(一)记忆中的文本与现时的文本

1. 记忆中的文本

花鼓锣子作为颜庄村的一项乡民艺术活动，在被评为山东省非物质文化遗产之前，基本处于自生自灭的状态，但是这种状态本身也就决定了其传承的自在性。艺人们多是把此项艺术当成一种生活的调味品，演出前不会经过刻意的准备，在演出过程中更是秉承一种"嬉笑怒骂皆艺术"的原则，生活中一切有趣的事情都可以被当作素材用在场上，做到了真正的来源于生活，服务于一方水土。艺人们在场上的唱词可荤可素，要求只有两个——一是顺，二是逗。因此，一些日常不适宜开的玩笑或者私下的牢骚此时都可以

用作表演素材，这在现今一些旧文本中可窥一斑。比如：

花鼓锣子到江西，一个大嫂抱只鸡。

紧走几步赶上去，一看还是我的妻。

花鼓锣子的文本中有很多这种“荤笑话”，民众对此有另外一种叫法——不说“人话”。乡土社会是一个熟人社会，一个人不合礼数的行为很容易传遍整个乡土社会，而对本人造成不好的影响；但是，乡土社会又是一个娱乐活动比较少、日常生活比较单调的社会，乡土表演就是把这种潜藏在民间的“压抑”情绪给挖掘出来，把日常生活中的一些微妙事件加以艺术的手法巧妙地表现出来，以达到释放情绪和娱乐的目的。

乡土社会一直是一个以农业为主的社会，农忙时节民众忙于农活，根本无暇顾及乡民艺术。乡民艺术也因此有了一个比较固定的演出节点。一般在农闲、节日又多的冬季，民众都闲了下来，艺人们有足够多的时间和精力设计文本和排练，观众们也有充裕的时间来观看演出以及酬谢艺人。而且，冬天之后是又一个新年，将拜年与对来年的期望合二为一，更契合观众的内心所愿。因此，在流传下来的文本中，关于拜年与期待来年风调雨顺的段子也就比较多。比如：

（夹板） 正月里来过新年，我为大家祝个愿。

天天有个好心情，在家在外总平安。

（顶伞） 正月里来过新年，我为大家祝个愿。

五谷丰登收成好，国泰才能有民安。

（合） 五谷丰登收成好，国泰才能有民安。

（唱） 我给老板拜年来，生意兴隆通四海。

恭喜恭喜恭大喜，发财发财发大财。

（夹板） 我给老板拜年来，生意兴隆乐开怀。

乐开怀，乐开怀，祝愿今年发大财。

（众白） 乐开怀，乐开怀，祝愿今年发大财。

（独白） 牛肉铺，羊汤馆，颜庄名吃美名传。

不信亲口尝一尝，誉满东北和江南。

（独白） 辣子鸡，四喜丸，饭店里头样样全。

财神爷，到殿前，保你年年赚大钱。

（众白） 财神爷，到殿前，保你年年赚大钱。

（独白） 花鼓锣子到庄南，铁厂不远在眼前。

进门没有别的事，咱给老板来拜年。

（独白） 铁厂内，笑声欢，民营经济大发展。

帮助村民再就业，都夸咱们吕老板。

（众白） 对！对！对！都夸咱们吕老板。

乡民艺术一般不是为了艺术而艺术，它有着更多实用的目的。在年节期间演出的乡民艺术，更多反映了民众趋吉避凶的心理取向，说的多是吉利话，这一直也是乡民艺术的主旋律。乡民艺术就在这种嬉笑怒骂与趋吉避凶的主旋律中自由发展。

2.现实社会中的文本

随着“遗产热”的兴起，乡民艺术开始从“自在”的发展状态转变为“自觉”的文化传承，这种转变一方面有利于繁荣当前正在走下坡路的众多乡民艺术，但是另一方面，“局外人”的介入也使乡民艺术的发展受到更多条条框框的束缚甚至走向极端的模式化。在这种发展背景下，乡民艺术的传承主体的主要作用被弱化，而很多与此无关的“艺术”因素却被掺杂进来，乡民艺术开始演化为依托乡土社会的“主流艺术”。在政府和当地文化精英以及学者的两度“嫁接”中，乡民艺术有了一些新的变化。就花鼓锣子而言，现在的花鼓锣子更多是与国家、区域政策及重大时事紧密相连，成为当地政府宣传政策、教育民众的的一种主要工具。比如有关计划生育的宣传语：

人口学校去学习，党的政策记心里。

六位一体导向好，多亏党的好领导。

晚婚晚育要提倡，少生孩子奔小康。
趁着年轻好好干，奖金荣誉都不变。

小青年，觉悟高，党的政策记得牢。
计划生育永不忘，晚婚晚育要提倡。

独生子女家庭好，闺女是娘的小棉袄。
从领证，到十四，每年奖励壹佰贰。

独生子女双女户，年满六十有照顾。
每月五十发到手，称盐打油不用愁。

老百姓，真是好，计划生育忘不了。
生男生女都养老，发家致富奔小康。

改革开放三十年，计生工作走在前。
全民齐心在努力，少生优生代代传。

又比如新农村建设的宣传语：

正月里来正月正，正月里，是新年，
正月里来挂红灯，老少爷们笑开颜。
红灯照得明又亮，共同奔向致富路，
祝愿今年好收成，小康生活在面前。

正月里来过大年，正月里来过大年，
我为大家祝个愿，我为大家祝个愿。
天天有个好心情，五谷丰登收成好，
在家在外总平安，国泰民安建家园。

改革开放三十年，抓经济，收入增，
国民经济大发展，小康路上往前冲。
农民收入日益增，村富民强乐融融，
幸福生活比蜜甜，文明和谐树新风。

高楼大厦平地起，新农村，新家园，
农村敢和城里比，宏伟蓝图要实现。
城乡差别在缩小，齐心协力创辉煌，
多年梦想变现实，美好前景在面前。

山东莱芜颜庄村，花鼓锣子报新春，
远近闻名历史久，花鼓擂响新农村。
新农村，新家园，宏伟蓝图要实现，
齐心协力创辉煌，美好前景在面前。

比较过去与现在的文本就可以明显看出，现在的花鼓锣子是在乡民艺术的形式之上为政府的宣传导向作服务工作，这些都是现代文明的内容，讲究押韵，用词华美。但是，这在一定程度上削弱了乡土气息，很多民间老艺人认为现在的词与花鼓锣子讲究的“顺、逗”相去甚远，词句也很难记，以至于很多人在演出的时候都做小抄，以备遗忘，这无疑会使演出的质量大打折扣。

(二)文本的形成过程分析

过去，花鼓锣子的具体演出范式都是由艺人们根据具体的演出场景来决定，包括演出时间、路线、演出服装、演出文本等，完全是取之于乡土，服务于乡土。因其本身具有“乞讨”的意味，艺人们演出必然很卖力，也很认真，演出的质量自然就很高。但是，当被冠之以“非遗”的时候，这项乡民艺术就不仅仅与一方水土相联系，它更多的是作为区域社会的遗产甚至是国家或世界性的遗产而出现的，也就在更大范围内获得关注，更多的利益相关群体

会介入其中。所有这些都会使其发展传承呈现更加复杂的状态，演出的文本内容也会有较大的变化。

这里主要介绍三个利益相关群体——政府、地方文化精英、民间艺人。

1.“非遗”背景下乡民艺术发展的主导力量——政府

乡民艺术从最初的发现到接下来的深入挖掘，再到后来“非遗”申报书的填写以及最后的申请成功，都离不开政府在其中发挥主导作用。

如前所述，颜庄村是一个乡民艺术比较发达的村落，当然这与当地民众热爱文艺有关，但也和当地政府的鼓励和各项政策的支持是分不开的。在日常生活中，村委会会经常举行各项民间文艺活动，得胜者会有奖品；更为重要的是，这也可以为小村“积分”，由此为村落换取直接的利益。因此，小村村委必然会积极倡导民众参与其中，各村的民间文艺项目也就被很好地传承下来。

花鼓锣子也不例外。成功申遗的花鼓锣子得到了政府方方面面的关注与支持，包括演出时间的规定、演出路线的制定以及演员的酬劳方式、服装、道具、唱词。政府的这种无微不至的关照可以使花鼓锣子顺利地传承下去，但也使这项民间艺术少了一些自由发挥的空间，少了一点原汁原味。同时，政府对花鼓锣子演出时间的规定也打破了这种乡民艺术本来的“生物钟”，扰乱了其正常前进的步伐。对演出时间、演出路线的硬性规定挫伤了艺人们的积极性。从曾经的乡民的主人到今天的政府的“打工者”，民间艺人们对身份的突然转变无法适应，势必也会影响民间艺术的良性发展。

但是，不管怎样，政府的主导作用已成定局。伴随政府主导下的民间艺术在发展过程中所呈现出的种种不适，政府要做的就是积极采取得当措施，发挥民间艺人的积极性，以实现乡民艺术的良性发展。

2.地方文化精英

地方文化精英无疑对当地的文化发展起着举足轻重的作用。他们从小生活于这一方水土，对其中的风土人情非常熟悉，而且他们受过主流文化的熏陶，并得到当地民众的敬重，因此他们对当地风物的记载以及表述就成为

乡土社会的主要记忆。但是，这种记忆更接近主流社会，与乡土社会有着一定的距离。教师在乡土社会中一直是一个受人尊敬的职业，特别是那些退休的教师。因为空闲时间较多，他们会热衷于参与乡土社会的各项活动，与乡民关系密切，情感深厚。同时，他们与政府往往有着千丝万缕的联系，因此也就充当了古代社会"士绅"的角色，对于乡土社会与精英社会间的沟通发挥着桥梁作用。也正因为如此，这部分人特别重视对民间艺术的改造与发展，并逐渐把对乡土话语的解释权握在了自己的手中，任何与己不同的观点都受到他们的鄙夷。

以花鼓锣子的唱词变化为例。过去，花鼓锣子的唱词都是即景生情式的，语言也都使用方言土语，内容可荤可素。但是，作为省级非物质文化遗产的乡民艺术必然要向主流社会提倡的文化靠拢，其中的不文明因子必然要被剔除。因此，现在的模式变为：当地的村委将主题思想传达给几个老教师，由他们来写唱词，写好之后由村委会和花鼓锣子负责人一起修改。村委会主要修改政策方面的错误，花鼓锣子负责人主要将唱词改得顺口一些。修改完成后，要送给上级审查，审查合格后，艺人们再据此排练。但唱词经由远离花鼓锣子的知识分子写成，多了些拗口、晦涩难懂的内容，在与农村时代主题密切结合的同时，又似乎少了一些乡土气息。调查中有艺人说："还是习惯用以前的老词。"

地方文化精英虽然身在乡土社会，但其对乡民艺术没有一个较为系统的了解，且内心对乡土文化还是有着一定程度的鄙视的，认为"老词是以前的那些人东一句西一句凑合的"，这样的评价也就折射出他们书写的其实更多的是主流文化。

3."被隐身"的民间艺人

随着乡民艺术被列入"国家遗产"的行列，它们也受到越来越多的关注。但是这种关注更多的是站在"遗产政治学"的角度上的关注。处于弱势地位的民间群体，虽然本身是非物质文化遗产的持有者，但是在遭遇政治时就会自觉让位。于是，非物质文化遗产的实际操作者就开始发生置换，乡民艺术

真正的传承主体被隐身。

政府对文化遗产的介入，其初衷是希望这些民间艺术能更快更好地与主流文化对接，从而实现自身的蜕变。但由于民间艺人不能很快地适应这种变化，因此在转变的过程中就会出现很多问题。以花鼓锣子为例，其老词可荤可素，演员们在表演的过程中是即景生情的，演员们综合利用服装、道具、唱词、肢体语言、面部表情等表达自己对现实生活的一些观点和看法，并与观众达成了一种潜在的以艺换财的规则，观众和演员在这种心照不宣的互动中共同实现了对艺术的理解与表达。但是，作为非物质文化遗产的花鼓锣子代表的不再仅仅是民间小部分艺人的形象，更多的则是颜庄村的形象乃至颜庄镇的整体形象，政府在维护当地形象的过程中就起到了重要的作用。

在极力与主流文化靠拢的过程中，花鼓锣子的荤词首先被予以剔除。有人认为："现在是文明社会，你再不说'人话'是不被允许的。"但是，剔除了荤词的花鼓锣子虽然"文明了不少"，但是也少了很多逗乐的成分。同时，统一的服装也似乎少了些逗乐的元素。最为重要的一点是，花鼓锣子原本是作为一项乞讨艺术在民间流行的，然而乞讨的实用功能却与眼下的新农村建设格格不入。花鼓锣子除了本村人欣赏以外，还会有很多外来者欣赏，所以"乞讨"在非物质文化遗产的语境里成了一个非常碍眼的词。于是，政府就需要主动或被动地拨专款用于支付演员的工资，不再允许演员们"乞讨"。

但是，乡土社会自有一套"同意权力"网络，而且民众与演员们之间早就形成了一种民间"习惯法"中的"互惠交易"，即"你说吉利话，我给钱物"。政府的单方面干涉扰乱了这种法则：一方面，有了政府发工资，艺人们不用再靠卖力演出获取收入；另一方面，艺人们觉得工资低，与自己的辛苦付出不成比例，因此就会在演出的时候偷工减料，敷衍的成分就会多一些，随便说几句唱词或者干脆就不说，只是跟在龙灯队后边充数。乡民艺术在民间的"同意权力"与政府"导向权力"之间徘徊，并努力寻找一个平衡点。遗产保护应该真正把传承主体的地位放在首位，唯有如此才能真正使乡民艺术扎根乡土，世世代代传承发展下去。

五、花鼓锣子与民众生活

村落是一个自给自足的社会，具有一个较完善的文化体系。村落的存在意义不仅是在经济层面，更多的是在精神层面，诸如日常的婚丧嫁娶、各种乡民艺术的表演活动等。花鼓锣子的表演者主要来自天和村，当地严格执行着“传男不传女，传本村人不传外村人”的古训。据说，在20世纪五六十年代，曾有本村女儿学习花鼓锣子，后出嫁到外村并教村人学习，但是不知何故终被荒废。此后，花鼓锣子就一直为天和村民众所独享。

传统的乡土社会是个娱乐活动较少、生活较单调的社会，因此，热闹的乡民艺术的展演就成为乡土社会年节期间的一件大事。颜庄镇是一个经济比较发达的地区，区域内个体经济比较多，花鼓锣子无疑担当了为区域社会拜大年和祈祷区域社会趋福避祸的重任，年节也成为花鼓锣子“与众乐乐”的一个很好的契机。早在春节以前，各村的村委会就向颜庄村委会发出了邀请函。届时，花鼓锣子就会跟随龙灯队一起前去表演。有了花鼓锣子的那些俏皮的祝福，民众才会觉得这个春节真正的热闹，来年才会更幸福，村委会也会觉得光彩。因此，各村村委会会更加积极地邀请花鼓锣子来本村表演。

在颜庄村与周围村落的双向交流中，民众得到了更多的关于区域社会的信息，对区域社会的认同感也不断增强。

六、花鼓锣子主要传承人

乡镇	村庄	姓名	性别	出生年月	担任角色	获奖情况及知名度	是否健在
颜庄镇	颜庄村	张凤旨	男		武生		已逝
颜庄镇	颜庄村	苗传美	男		花旦（男扮女装）		已逝
颜庄镇	颜庄村	刘俊田	男		花旦（男扮女装）		已逝
颜庄镇	颜庄村	杨春庆	男		丑角		已逝
颜庄镇	颜庄村	吴庆乾	男		丑角		已逝
颜庄镇	颜庄村	杨振秋	男		武生	1956 年参加山东省民间舞蹈汇演	已逝
颜庄镇	颜庄村	李圣儒	男		丑角		已逝
颜庄镇	颜庄村	杨振文	男		花旦（男扮女装）		已逝
颜庄镇	颜庄村	崔庆吉	男		花旦（男扮女装）		已逝
颜庄镇	颜庄村	吴式松	男		丑角		已逝
颜庄镇	颜庄村	吴希曙	男		花旦（男扮女装）	1981 年任艺术教练	已逝
颜庄镇	颜庄村	李中庆	男		丑角		已逝

续表

<table>
<tr><th>乡镇</th><th>村庄</th><th>姓名</th><th>性别</th><th>出生年月</th><th>担任角色</th><th>获奖情况及知名度</th><th>是否健在</th></tr>
<tr><td>颜庄镇</td><td>颜庄村</td><td>吴修贵</td><td>男</td><td>1942.2</td><td>打伞人（丑角）</td><td rowspan="12">1989 年参加泰安地区广场民间艺术汇演，荣获特等奖；1990 年参加第四届“泰山国际登山节”开幕式演出；1995 年参加山东省老年健身舞汇演，获三等奖。</td><td>健在</td></tr>
<tr><td>颜庄镇</td><td>颜庄村</td><td>魏广润</td><td>男</td><td>1946.9</td><td>腰鼓、乐队鼓手</td><td>健在</td></tr>
<tr><td>颜庄镇</td><td>颜庄村</td><td>李光前</td><td>男</td><td>1944.8</td><td>打夹板（丑角）</td><td>健在</td></tr>
<tr><td>颜庄镇</td><td>颜庄村</td><td>吴兆华</td><td>男</td><td>1945.12</td><td>腰鼓、唢呐</td><td>健在</td></tr>
<tr><td>颜庄镇</td><td>颜庄村</td><td>李成业</td><td>男</td><td>1948.11</td><td>花旦（男扮女装）</td><td>健在</td></tr>
<tr><td>颜庄镇</td><td>颜庄村</td><td>吴茂福</td><td>男</td><td>1950.5</td><td>花旦（男扮女装）</td><td>健在</td></tr>
<tr><td>颜庄镇</td><td>颜庄村</td><td>杨振山</td><td>男</td><td>1938.10</td><td>花旦（男扮女装）</td><td>健在</td></tr>
<tr><td>颜庄镇</td><td>颜庄村</td><td>吕庆山</td><td>男</td><td>1937.5</td><td>乐队人员</td><td>健在</td></tr>
<tr><td>颜庄镇</td><td>颜庄村</td><td>魏振玉</td><td>男</td><td>1940.7</td><td>乐队鼓手</td><td>健在</td></tr>
<tr><td>颜庄镇</td><td>颜庄村</td><td>朱光富</td><td>男</td><td>1941.6</td><td>乐队人员</td><td>健在</td></tr>
<tr><td>颜庄镇</td><td>颜庄村</td><td>魏振贵</td><td>男</td><td>1940.7</td><td>乐队人员</td><td>健在</td></tr>
<tr><td>颜庄镇</td><td>颜庄村</td><td>李沛庆</td><td>男</td><td>1967.10</td><td>夹板（丑角）</td><td>健在</td></tr>
</table>

资料来源：山东省莱芜市钢城区文化局：《莱芜颜庄村花鼓锣子申报书》，2007 年 4 月 28 日。

第六章 村里的人 村里的事

一、支前模范村[①]

历史上，颜庄村多次遭遇天灾人祸。在每一次劫难面前，民众都表现出了极大的勇气和信心，为保护和重建家园付出了不懈的努力。在抗日战争和解放战争时期，颜庄村村民全力以赴，无数颜庄儿女前仆后继，为本地区的解放做出了巨大的牺牲和卓越的贡献，涌现出了大量可歌可泣的人物与事迹。颜庄村共有 26 位村民为国捐躯，颜庄村也成为战争中著名的支前模范村。

抗日战争初期，日军看中颜庄村优越的地理位置，就派了日军的一个中队和汉奸的一个团驻扎在颜庄村，直至抗战胜利前，日军才从颜庄村撤兵至泰安。期间，日军在颜庄村及周边地区无恶不作。颜庄村村民积极配合我军进行反抗，给日军以沉重的打击。

抗日战争胜利后，蒋介石发动内战。1947 年，国民党部队李仙洲部占领

① 本节的撰写参见吕克勤:《莱芜战役中的颜庄人民》，载政协莱芜市钢城区委员会编:《钢城文史》第 2 辑，莱芜市印刷二厂 2001 年印制，第 53～54 页。

了莱芜、淄博至新泰的公路沿线一带，与当时鲁南的国民党部队遥相呼应，企图对华东军主力形成夹攻之势。颜庄区政府积极响应上级指示，建立了层层的武装力量，各村村民也积极响应“打老蒋，保家乡”的号召，积极参军、参战。1947 年 2 月，颜庄村打响了莱芜战役的第一枪。为了迷惑、牵制国民党的增援部队，鲁中军区的骑兵团冒充华东野战军在颜庄村一带与敌人开战，有效地牵制了国民党的有生力量。颜庄人民也因积极支援前线，被评为“支前模范村”。

这其中有一个感人至深的故事。1946 年大年三十下午，华东野战军八纵某团来到了颜庄村。那一天大雪纷飞，天寒地冻，但是解放军的到来令民众热情高涨。按照颜庄村一贯的习俗，大年初一要吃饺子，而且饺子还得是素馅的，吃了素馅的饺子就可保家人一年平安无忧。但是，看到解放军为了保家卫国甚至不能回家过年的时候，当地民众在心里犯了嘀咕：我们过春节，解放军也过春节，但是总不能我们家家户户吃饺子，让解放军就这样干瞪眼看着吧。于是，颜庄村的农救会会长张维富、村长张现恩以及民兵队队长张现泽召集各个小村的负责人，就此事进行了商议并提出了解决办法。

“一定要让解放军亲人们吃上水饺。”为此，他们开始连夜发动村民包水饺。考虑到解放军人数众多，他们还专门要求每人至少要包 20 个水饺，多者不限，将包好的水饺务必于大年初一的早上送到铺园的位置。村民在接到这个通知之后，表现积极，很多人甚至打破大年初一吃素馅饺子的习俗，改做肉馅的饺子。当时，物资比较贫乏，村民生活条件较为艰苦，即使逢年过节民众也很少做肉馅的饺子，而这次他们很多人却不约而同使用了肉馅。有些人家还拿出了自己家人都舍不得吃的白面，给解放军包白面饺子吃，而自己家则吃粗面的饺子。甚至有些人家在大年初一这一天没有吃上饺子，一位孤寡老人还将别人送给他过年的饺子送给了解放军……

大年初一早上，解放军吃完乡亲们包的水饺之后离开。村民们唱歌欢送，解放军战士受到极大鼓舞，在战场上奋勇杀敌，为莱芜战役的胜利做出了巨大贡献。战争结束后，部队领导专门给颜庄村村民来信表示感谢，区、县政府也为颜庄村民众这种积极支援前线的精神所感动，对其进行了表彰

并授予"支前模范村"的称号。

2014年10月,莱芜市召开了"战争年代莱芜革命精神研讨会",当年参加过莱芜战役的老兵宋登峰对当年在颜庄村吃饺子的事记忆犹新:

> 莱芜战役打响前夕,我尚未痊愈即参加急行军,从安丘赶到莱芜,驻扎在颜庄。那天正好是大年三十。我一辈子也忘不了,大年三十晚上,莱芜人民给我们送来了热气腾腾的水饺。那时候条件差,老百姓很穷,有些饺子是素馅的,但吃了饺子心里暖融融的。我感觉到老百姓的心是和部队在一起的。

二、一段"共产主义"时光①

20世纪60年代,党中央发出了"工业学大庆,农业学大寨,全国学人民解放军"的号召。1965年年初,全国各地掀起了"农业学大寨"运动的高潮。大寨经验不仅对中国的农业发展产生了非常深远的影响,也促使民众的思想发生了重大转变。山东在这场运动中表现非常积极,当时还产生了好几个"农业学大寨"的典型村庄,颜庄公社是其中之一。

"农业学大寨"时期,莱芜县最大的生产大队即是颜庄大队,颜庄大队也即今天的颜庄村,共分成26个生产队以及科技队、副业队、林业队、小工厂等等。当时颜庄村有5000亩耕地,但是大部分位于山岭之上,比较贫瘠,是典型的人多地少型村庄。为了改变这种落后的局面,颜庄大队于1969年成立了革命委员会,次年成立了颜庄人民公社党委,随后一年又成立了颜庄大队党总支,并着手制定了颜庄大队发展的长远规划:"三年治水,五年改土,十年建新村,农、林、副全面发展。"在当时动荡的年代,颜庄大队的领导能够如此清楚地意识到自己肩上的责任和使命,理性地制定规划并与当时的政治风向保持高度一致,并在之后高度负责,将规划付诸实施,确实对村庄的发

① 本节的撰写参见王锡孔:《"农业学大寨"时期的颜庄大队》,载政协莱芜市钢城区委员会编:《钢城文史》第5辑,莱芜市华立印务有限公司2011年印制,第124～139页。

展起到了积极的作用。当时，颜庄大队"农业学大寨"的具体措施大致有几个方面：治水、治田、办厂兴业、重人才、重技术、重宣传等。

（一）治水

"水利是农业的命脉。"毛主席的号召一出，当即引起全国各地兴修水利的热潮。颜庄大队自成立起就已经开始着手村庄的水利设施建设，并于1971年提出了"三年治水规划"，明确将兴修水利工程、建扬水站放在当时工作的首位。经过考察，大队领导决定将扬水站的位置定在东岭和南岭，本着就近引水的原则，将东泉的水引到东岭上建立老虎岭扬水站，将汶河的水引到南岭建立李子园扬水站。位置选此两处，主要考虑到这两处位置田地较多，却是不易灌溉之处。每逢旱灾，粮食减产严重，有些年份甚至会出现绝收的状况。位置选好之后即进入施工阶段。当时大队成立了两个水利专业队，大部分队员都是村庄的匠人。他们熟悉这些工程，建起扬水站来很是顺手。

春节过后，两队人员同时开工，大队党总支书记曹兴贵在老虎岭扬水站坐镇指挥，大队长谭守兴在李子园扬水站带领民众苦干，公社的水利技术人员为了工程的顺利实施也是天天跑工地，进行技术指导。相对来说，老虎岭扬水站的修建难度更大。在东泉与扬水站之间，横亘着一条铁路。要想顺利建成扬水站，必须要从铁路的下方打地洞。为保证铁路的正常运行，要求不能放炮。在征得铁路相关部门的批准之后，曹兴贵书记亲自带领大家一起施工，由村庄的102名壮劳动力轮流作业。在高度不到1米的石洞中，民众用镢头刨，用铁锨铲，用钢钎凿，用肩背。当时适逢酷暑，大部分的工作又是在洞中，条件异常艰苦。最终经过2个月坚持不懈的奋战，洞终于打好，输水管道也终于铺好。

扬水站大坝的建设也是艰苦卓绝的。大坝长100米、高10余米，甚至有些地方的垂直高度达15米，而且越往上坝身越窄，只能用人工往上运材料。建设大坝的季节正好在严冬，艰苦程度可想而知。村民王锡孔回忆道：

那时候干劲是真足。现在你给我多少钱我都不去干。你想想，挖

洞子的时候,正赶上三伏天,人在洞子里站不得也坐不得,即使弯腰也不能好好弯着,算是半爬半弯吧。里边闷热得很,一会工夫就得出来透口气,要不然得闷死在里边。哎,好不容易把洞子打通了,开始修坝身,又正好赶上冬天。天寒地冻,搬石头时手冻得生疼生疼的;垒石块的人更冷,在那么高的坝身上作业,风呼呼的,耳朵跟刀子割一样疼。现在想想还是感觉不可思议,你说那时候的人哪来那么多的干劲呢?①

在村民的连续奋战下,1972 年春天,扬水池修建完成,之后在机房装上抽水机,工程就大致结束了。两座水站建成之后,村庄原先靠天吃饭的地变成了旱涝保收的好地,为村庄农业的发展和农民生活水平的提高提供了坚实的基础。现在,这两座扬水站早已废弃不用,镇政府在此修建了办公大楼,很多资料只能从民众的记忆中找寻了。

(二)治田

治田主要是两种途径:一是治理荒山野岭,将原先的不毛之地变成良田;二是缩河造田。1972 年的秋天,颜庄大队党总支书记曹兴贵与其他镇域的代表一起赶赴大寨学习他们的经验。在听了大寨党总支书记陈永贵的经验以及参观了大寨人民的一系列成果之后,曹兴贵深受启发。在此背景下,颜庄公社党委的相关负责人决定将颜庄大队作为区域内治理土地、修建大寨田的首批试点单位,并将位于颜庄村东北处的长步岭作为当时的试点。长步岭沟壑纵横,旱涝不收,是村庄有名的贫瘠之地。为此,公社党委的相关领导经过仔细的考虑,制定了“填沟壑,平土地,撤陵墓,筑石堰,挖深地,建成外高里低,涝能排旱能灌的层层梯田”的实施方案。

为了顺利开展工作,颜庄大队还成立了施工指挥中心,并设置相关机构将责任划分到安全组、卫生组、后勤组以及宣传组等各小组;同时还依据工程量的大小,将任务层层分给各个生产小队。准备工作完成之后,1971 年 11 月 6 日就进入正式施工阶段。当时正值寒冬腊月,施工条件极其艰苦,但主

① 访谈对象:王锡孔,男,颜庄村人。访谈时间:2009 年 8 月。

要的公社以及大队领导都驻扎在工地,社员们也发挥艰苦奋斗的精神,全民热情高涨,干劲十足,甚至写出了“颜庄大地无冬天,地冻三尺照样干。铁臂挥舞开新字,定叫颜庄换新颜”的豪言壮语。

三个月之后,长步岭的治理工程基本结束,原先的“阎王底子”变成了旱涝保收的良田沃土。当地领导和民众一鼓作气,接下来又陆续对西南岭、栗子沟进行了治理。如此一来,过去的不毛之地变成了能获丰收的大寨田,这些都对民众的生活以及农业和村庄的发展起到了积极的作用。

为了进一步扩大田地面积,颜庄大队的领导们又把目光投向了村庄的河滩上,这一次治理的河流选定在长步河。长步河由东往西流,至潘西煤矿的东南岭根下时,河流遇到石块的阻隔之后以直角的方向流经铁路桥,中途流沙漫滩的面积将近百亩。针对长步河的具体情况,颜庄大队制定了“移河道,缩河道,造田地”的规划。具体是将原来的河道变窄。比如将潘西煤矿医院旁边的河道由之前的 80 米缩窄至 30 米,并开挖新河。当地政府坚持就地取材,将开挖出来的泥土运往旁边的荷塘上,用开挖出来的石头在河道的两旁修建起坚固的大坝,实现了资源的高效利用。一个月之后,就为当地建成了 80 多亩良田,同时修建了一条长 200 多米、宽 10 多米的新河道。次年冬天,民众继续发扬会战精神,在汶河东边的沙滩上以同样的办法缩河道、造田地,再造良田百亩。如今,这些田地已被当地的工厂占据,只有东南端的地块和两条石堰依然在向我们展示着那段热火朝天的历史。

(三)办厂兴业

颜庄村人口数量庞大,资源非常有限,单纯依靠个人的力量或者依靠农业都难以获得较大发展,唯有依靠集体力量共同发展副业,兴办工厂,才能真正带领民众过上好日子。为此,颜庄大队结合颜庄村优越的地理位置,以及人才多、市场广阔等优势条件,将颜庄村有经济才干和一技之长的民众集合起来,组成颜庄村的副业集体,由颜庄大队统一组织管理,并先后成立了电工组、缝纫组、皮革组、理发组、木业组一共 27 个副业小组。这些小组遍布各个行业,每个小组实行自主经营,由大队提供各种所需条件,每年按照一

定的比例向大队提交分成。

副业组首先是服务于本村民众，对于外村民众的需求也尽量满足。在副业组正常营业的年份，颜庄村村民的生活得到了极大的保障，生活质量也有了很大的提升。据当地人回忆，当时的医院由颜庄大队投资建成，因此本村民众去看病的时候，普通的小病基本不用付钱，对一些家庭条件困难者或者五保户老人也都有特殊的照顾；对村庄贡献较多的男劳力理发时可以使用大队发的理发票；村民凭借大队发的福利本去磨坊磨面不花钱；一些家庭的电路或者电器出了毛病，找电工组的人修理通常也不用付钱，木业组等也是如此。

当时颜庄大队还申请办起了村办煤矿，即颜庄煤矿，年出产煤炭量高达5吨。煤炭质量比较高，销路很好，这无疑为村庄增加了一项可观的经济收入。除了用于煤矿的日常运作之外，颜庄大队还将煤矿经营所得的经济收入分给各个小队，之后再由各个小队按照人口进行平均分配。如此一来，各家各户每年也都有了一项比较稳定的经济收入。同时，颜庄大队的领导还专门预留部分煤炭，待至冬天每人免费发放100公斤煤炭。在计划经济时代，这确实给村民带来了极大的好处。除此之外，颜庄大队还专门拿出一部分钱照顾村里的军属、烈士、困难户、五保户等。每逢春节，大队都会给他们送一些米、面、猪肉、茶叶等礼品，还给一些五保户贴春联、送棉衣，让大家都度过一个温暖和谐的春节。

颜庄大队在发展经济的同时，对村庄的机械化建设也十分重视，一方面从外面购买机器，另一方面自力更生，自己进行生产。颜庄村党总支成立之后，先后购买拖拉机6台，汽车2辆，还引进钻床、刨床各1台，修建2处氨水池。当时，颜庄大队的机械化在整个莱芜县都非常出名，先后参与了牛泉镇鹁鸽楼水库、棋山以及黄河大坝加高加固等工程。颜庄大队也因此受到上级领导的多次表彰，为村庄赢得了无数荣誉。

同时，颜庄大队充分利用当地的煤渣和矸石，带领民众建造了深近百米的隧道窑，烧制煤矸砖，还派出本村的匠人去颜庄公社学习翻砂、铸造等技术，最后成功地铸造出生铁车轮等，在当地引起了很大的反响。虽然这些隧道窑等村办企业因各种因素限制最终被迫停产，但是它们的兴建对村庄的

发展及村民观念的更新等都起到了非常重要的作用。

(四)重人才、重技术

颜庄村历来重视教育发展,村内从小学到初中一应俱全,只是条件相对落后。当时的学校都设在村庄的庙宇、教堂以及一些破败的民房内,教学条件很差,讲台就是一张破桌子,学生们用的课桌也是用长形的石条砌成的,一到冬天,手放在上面冰凉。颜庄大队党总支成立之后,深刻认识到人才培养对提升地方综合实力的重要性,从整顿校舍、丰富学生的课外活动、关心学生的身体健康等方面着手,大力发展教育,为地方发展培养出了大量的人才。

从1971年开始,颜庄大队调配相关人才成立建校建筑队。之后利用3年的时间,在东泉村的北面建成了三所学校。新建的学校配备有仪器室、实验室、图书室、办公室等,还专门购买了木材,让本村的木工队加工了课桌、椅子,大大改变了学校的面貌。1978年,为了丰富学生课外生活,满足学生看电视讲座的需求,学校向颜庄大队申请购置电视机。经领导协商之后,颜庄大队很快派人到济南买了一台进口电视机。颜庄大队还特别关心学生的身体健康,鼓励学生加强体育锻炼,召开运动会;每年请村庄卫生室人员免费给学生们查体、打防疫针。

颜庄大队重视技术。村民吕爱友因为对农业技术较为在行,对集体事业又非常热情,被大队派去泰安山东农学院学习农林业的专项知识,并成立科技队,专门将本村的“东洼地”作为试验田。在相关技术部门的指导下,科技队连创佳绩:接连几年培育出了增产的玉米、小麦良种,并经常组织各种科学种田知识讲座,还亲自去田间地头示范,提高了当地的粮食产量,受到当地村民的欢迎,也成为莱芜县科技种田的典型单位。颜庄大队又成立了林业队,沿河栽种杨柳。至20世纪80年代中期,颜庄村内的汶河两岸杨柳成荫,一派生机勃勃之象。除此之外,他们还派专人去外边学习果木的栽培、管理经验,产出的苹果、梨、杏等除了每年预留一部分分给当地村民外,其余都销往各地。

颜庄大队通过一系列举措对村庄进行了深层的改造和建设,使得村庄

的面貌有了较大改观，村庄经济、文化等综合实力得到了很大的提升，当地村民得到了实实在在的利益。直到现在村庄的很多老人依然对那段历史念念不忘。

三、舌尖上的颜庄

民以食为天，饮食在民众的日常生活中占据非常重要的地位。当地人判断一个家庭主妇是否能干，主要标准有三：饭食，生活（当地方言，即女红），是否通情达理，其中尤以饭食为最重要的标准。农村的蔬菜种类相对有限，菜肴具有单调、重复的特点，如何变着花样将有限的菜品做得有滋有味，是评判一个家庭主妇是否能干贤惠的重要考量因素。20 世纪 90 年代之前，家中的主食和菜肴主要是靠家庭主妇来制作，一些贤惠的家庭主妇会做馒头、煎饼、烙饼、饺子、面条等。其中制作馒头和面条的水平更能显示其能力。巧媳妇做的馒头表面光滑且有嚼劲，面条粗细一致而且不易成坨。当时每逢村民家中有事，大家互相帮工的现象比较普遍，经济观念非常薄弱，通常只要主家管饭就行。当时煎饼是粗粮，上不得台面，油饼又太费油，馒头和面条相对来说就比较普遍。尤其是面条，做好之后如果不及时吃，就容易坨，能不能保持原有的味道和口感就很重要。村民刘翠兰说：

> 这做手擀面也没有什么巧处，就是和面的时候一定要少放水，面要硬。这种面揉起来可费劲了，硬邦邦的，但是只有这样的面才能做出好的面条，这样的面条即使放很久也不会变成一坨。[①]

而对那些做不好甚至不会做面食的媳妇，当地人往往给她贴上“懒老婆”“拙媳妇”等标签。如果谁家媳妇要外出买饭，那更是引得他人反感，认为这是败家，不会过日子。

---

① 访谈对象：刘翠兰，女，颜庄村人。访谈时间：2017 年 3 月。

(一)一份能拿得出手的礼物

徐家红烧牛肉不仅是颜庄村及周边比较有特色的地方饮食,是颜庄村村民认为"能拿得出手的礼物",也是莱芜乃至山东的地方名吃,至今已有百余年的历史。20世纪初期,颜庄村村民徐钦友因为家境贫寒,就想到与其好友吴体德合伙做生意。两人经过反复考察、掂量,一致决定做牛肉生意。由于技术等的限制,两人只能先从卖生牛肉做起。随着生意慢慢做大,两人也慢慢琢磨做起了熟牛肉的生意。刚开始做熟牛肉的时候,限于经验、条件等方面的原因,只能在院子里用石头支起简单的锅灶,上山砍柴烧火煮,用料也不是很讲究,只用一些山花子根以及大、小茴香,煮出来的牛肉味道一般。随着时间的推移,两人制作牛肉的经验越来越丰富,技术提高了很多,不仅在火候方面有了更大的改进,用料也越来越讲究,制作出来的牛肉不论其色泽、口感等都有了很大改善。

现在的徐家红烧牛肉不仅各种配料齐全,还适应时代的发展,添加了十多味中草药,熬制的老汤更是历经岁月沉淀沁人心脾,在当地享有盛名,这与其独家高超的制作秘诀紧密相关。徐家牛肉的制作经验有以下几条:

首先,牛肉要好。要制作好的红烧牛肉,最重要的要从源头上保证质量。买来的牛不能太老,也不能太嫩,否则煮出来的牛肉口感都不好。徐家红烧牛肉的第四代传人徐家礼是买牛高手,他的绝招有二:一是看,二是摸。只要看一眼,他就能确定这头牛有没有病,用手摸几下就能知道这头牛的重量以及年龄。

其次,配料非常关键。徐家红烧牛肉的配料十分讲究,会用到桂皮、八角、花椒、草蔻、茴香等20多种佐料,而且每一样佐料都是经过严格筛选和把关的,以保证质量上乘。佐料用量视所制作牛肉的多少来定,煮牛肉的时候佐料要一次放足,切忌中间添料。

再次,掌握好火候对制作牛肉十分重要。牛的年龄不同,其肉质的老嫩就有差别,火候也得有长有短。火候掌握得好,一斤生牛肉能煮出5.5～6两熟牛肉,生、熟牛肉只有在这个比例之间才是最合适的。如果出的熟牛肉多

了，肉一般不是很熟，反之就会出现牛肉煮烂的情况。

最后，还要经过着色和熬汤的过程。着色是在煮牛肉的过程中进行的。当牛肉煮到一定程度时，要在锅中放入适量的火硝，这样一来不但可以增加牛肉的色泽，看上去更为可口，而且还可以使牛肉更快煮好。煮好的牛肉也不可以接着用来食用，还要经过熬汤浇汁的过程。将煮好的牛肉从锅中捞出，改成小火慢煨，直至汤汁变得浓稠。取一些浇在已经切好的牛肉上，更为鲜美可口。

颜庄村徐家牛肉风味庄园

精心制作的徐家红烧牛肉不仅为当地民众喜爱，而且在区域社会都享有盛名，并于 2009 年 6 月被评为“莱芜名吃”，在 2010 年 4 月更被山东省烹饪协会冠之以“山东名吃”。逢年过节，徐家红烧牛肉已经成了当地民众餐桌上常见的一道菜肴，更多的人会提前预订用来赠送亲朋好友，尤其是春节前夕，每天的销量更是高达几千斤。村民李沛庆自豪地说：

要说我们这有什么好吃的，徐家红烧牛肉算头份；要说我们这有什

么特产拿得出手的，那可能就只有徐家红烧牛肉了。[①]

徐家红烧牛肉的顾客圈目前已延至泰安、淄博甚至青岛等地。

自20世纪初开始，徐家红烧牛肉历经百年沧桑，以其顽强的生命力传承下来。改革开放之后，借“老字号”的声誉，徐家红烧牛肉的生意较以前更为兴隆。徐家红烧牛肉的传承人也在传承中不断创新，不断扩大生产的规模，将其推向更高的巅峰。李沛庆说：

> 以前徐家人都是挑着篼子赶集，也是风里来雨里去。现在人家好了，这生意好赚钱多，早就买上了汽车，还盖起了三层小楼，生意也是越做越大，名声越来越响，再加上现在流行网上购物，这徐家红烧牛肉是不想做大都难了。[②]

（二）“有实无名”的地方名吃

调查过程中，当地民众一再提起当地的另一名吃——杨二锅饼。跟红烧牛肉和花鼓锣子相比，杨二锅饼是村民日常生活中的必备品：家中主食常有杨二锅饼，平常去周边村庄的亲戚朋友家做客也喜欢带上一些杨二锅饼。如村民所讲：

> 我们这儿的杨二锅饼也有将近百年的历史了。这锅饼真的好吃，你就说这十里八乡的哪一家一年都得吃不少，很多外来的人也说这锅饼好吃，逢年过节更是供不应求。但是，就是这么好吃的锅饼，愣是没有人来做宣传，没有人来写写，好让外边的人知道。[③]

与其他锅饼相比，杨二锅饼确实在色泽、厚度、口感方面都要略胜一筹。据当地民众讲，杨二锅饼的手艺是祖传的，是从杨二锅饼现在的传承人杨继利的祖父那时开始做的。当时他的祖父家庭比较贫困，没有什么经济来源，但是却有一大家子老小需要养活。于是，他的祖父就到一家锅饼店里帮工。由于做人勤快，又刻苦肯学，杨继利的祖父便偷偷学到了这门手艺。之后，

---

① 访谈对象：李沛庆，男，颜庄村人。访谈时间：2017年3月。

② 访谈对象：李沛庆，男，颜庄村人。访谈时间：2017年3月。

③ 应访谈对象要求此处匿名：张某，男，颜庄村人。访谈时间：2017年3月。

他放弃在锅饼店的工作，回家之后自己做锅饼。祖父去世之前，便将这门手艺传给了杨继利的父亲——杨义法。杨义法接手之后，兢兢业业地经营锅饼店，并在父亲做锅饼的经验之上，又不断摸索、改进，在其壮年时期更是将锅饼生意做得很大。因杨义法在家中排行老二，时人便将他们家的锅饼称作“杨二锅饼”，直到现在还是沿用此名。

总结杨二锅饼的成功之道，有以下几点：

首先，杨二锅饼所用的面粉极为讲究。即使在过去，杨义法所用的面粉也全部都是精粉。为了达到这个目标，杨义法每次磨面都要套上驴拉磨，将面粉加工很多遍，以确保最后用的全部是精粉，剩余的粗面自己家吃。

其次，坚持手工操作，而且从不偷懒。杨义法每次都要坚持亲自和面、压面，即使后来年老力衰也是如此。和面的时候用一根木棍，其中一端固定，另一端压面，要反复用力压很多遍，直到面团变得十分柔软。

最后，制作锅饼的火候是非常关键的，否则会出现不熟或者过火的状况，影响口感。杨义法在多年制作锅饼的过程中，积累了非常多的经验，能够熟练地把握火候，让人在百米外就能闻到香味。

杨二锅饼

杨义法依靠自己的锅饼生意顺利地将四儿一女抚养成人。三个儿子先后进工厂、参军，唯有小儿子杨继利继承父业。杨继利继承杨二锅饼之后，在尊重祖父和父亲传统经验的基础上，又不断进行创新，引入一些现代化的机器设备，和面机、搅面机等一应俱全。杨二锅饼坚持之前的口味，为民众留住这舌尖上的家乡的味道。

如今，杨二锅饼的生意越做越大，名声也越来越响。每逢颜庄大集，杨继利在早饭之后就匆匆赶去卖锅饼。虽然这天做的锅饼要比平时稍微多些，但仍然供不应求。在长期的售卖过程中，杨继利已经熟知每天做多少量合适，都是每天卖多少做多少，甚至会少做一点。平时每天下午 3 点之后在老槐树下卖，晚上 7 点之前就会收摊回家。除了当地民众，很多外地人也会慕名前来购买品尝。

随着越来越多的家庭妇女走出家庭，踏入社会工作，很多之前被诟病的习俗也已经为人们所接受。比如，过去如果一个家庭主妇经常买现成的馒头、锅饼等主食，其他民众会笑话她是个懒老婆。现在，颜庄村民众外出买主食的情况已经非常普遍。而杨二锅饼因其美味、即食等优点而受到越来越多民众的喜爱：

> 农村跟城市不一样，城里人买东西一般都上午去，那时候的东西新鲜。所以卖家下午就不敢做了，怕晚上卖不了放坏了。但是农村不一样。在农村卖这些油条、烧饼、锅饼什么的，就得在下午。为啥？大家白天都在地里或单位忙活，早饭随便对付一口，中午一般就在单位解决，只有下了班才来买。这杨二锅饼一不用蒸，二不用馏，买回家直接吃。你看他每天都做好多，每天下午出来卖，一会儿的工夫就卖没了。所以说，这杨二锅饼沾了妇女的福气，这妇女也沾了杨二锅饼的光。①

① 应访谈对象要求此处匿名：张某，男，颜庄村人。访谈时间：2017 年 3 月。

后记

岁月如梭，斑驳了记忆，却也成全了再次遇见。八年前，我第一次走进颜庄村，并将其作为硕士论文的田野点，之后，也会经常从网上或从朋友那里打探一些关于颜庄村的消息。于我而言，对颜庄村的了解远远甚于自己的家乡，时间一久，也就对它有了一种难以言说的亲切感和敬畏感。八年之后，我尝试着给之前的田野访谈人打电话，他们竟然在很短的时间内就记起了我，那种惊喜难以言表。再次与颜庄村相遇，那些被岁月冲洗的记忆重新变得清晰，那些久违的情感重新有了温度，变得更为温暖、醇厚。这个离我家乡不远的村庄，俨然已经成为我心中的第二故乡。

作为一个土生土长的农村孩子，我感谢这片土地赋予了我朴实的性格。在本书收笔之时，谨对各位师长前辈、亲朋好友以及这片土地上的父老乡亲表示最真挚的感谢。

九年前，承蒙张士闪教授不弃，使我忝列山大门墙。张士闪教授渊博的学识、敏锐的学术洞察力以及独特的人格魅力让我敬佩，对我之后的学习和生活影响深远。即使毕业之后，每有疑惑，他也总是耐心解答，给予我很多指导性的意见和建议，这些都是我人生道路上最为宝贵的财富。

在调查以及材料搜集的过程中，众多单位也给予了我很多帮助，莱芜市钢城区文化局的领导们在繁忙的工作之余，还积极地为我准备了很多文献材料；颜庄镇的领导们也都热情地帮我搜集相关的文字材料，并积极配合我的访谈，这些都为本书的写作提供了很多有益的素材。

八年的时间恍若隔世，但是又似乎只在昨天。再次进入颜庄村，那些熟

悉的面庞依旧亲切，那些久远的情感瞬间复活。曾经我与他们朝夕相处，如今他们像接纳游子一样，满心欢喜地再次接纳了我。在家庭的聚会上，他们跟我感叹日常的琐事。李沛庆、张庆明、谭业栋、王锡孔、谭乐群、武玉春……这一长串名字我会永记心中，感谢他们为我提供的第一手材料。没有他们的帮助，我的调查将难以进行，遑论书稿的完成。

感谢山东大学出版社的总编辑以及各位编辑的辛苦付出。写作期间，由于种种原因，书稿的写作进度一直比较缓慢。编辑老师不断鼓励我，并对出现的问题及时给予帮助和解决。在此向各位表示诚挚的谢意！

感谢西南大学中国乡村建设学院的领导和同事们。正是有了你们的帮助，我才能顺利完成书稿，谢谢你们！

感谢我的父母帮我照顾幼子。父母常年身体不好，但是为了能让我安心工作，还是坚持帮我照顾孩子，并将家中一应事务全部包揽，使我可以全身心地投入到此项工作之中。即使孩子生病，二老也是极力宽慰我心，并再三告诫我不要因此分心。为人子女，不做棉袄也罢，如今却连累年迈的双亲继续为我操劳。每思及此，愧疚难当。

在整个书稿的调查以及写作过程中，虽然有很多的麻烦和困扰，但我也收获了很多快乐，也让我更真切、更深刻地体会到田野中的很多情感。在这期间，先生叶必飞也给了我很多的帮助。先生木讷少语，却性情朴厚，在繁忙的工作之外，尽力为我分担家务、照顾孩子，让我能安心工作。家人的支持是我最大的动力。

恩师、朋友、父母、爱人、幼子……正是有了你们，这些平淡的日子才有了温度，让我更加深刻地体会到这世间可贵的真情，激励我更加勤奋，砥砺前行。而这段被温暖的岁月，也因此被深深镌刻进我的记忆，不曾褪色。

郭凌燕

2017 年 10 月于西南大学宓园

图书在版编目(CIP)数据

颜庄村/郭凌燕著.—济南:山东大学出版社,2017.12
(山东村落田野研究丛书/张士闪,李松总主编)
ISBN 978-7-5607-5927-2

Ⅰ.①颜… Ⅱ.①郭… Ⅲ.①村史—莱芜 Ⅳ.①K295.25

中国版本图书馆 CIP 数据核字(2017)第 328672 号

责任策划:傅 侃
责任编辑:李艳玲
装帧设计:牛 钧

出版发行:山东大学出版社
社 址 山东省济南市山大南路 20 号
邮 编 250100
电 话 市场部(0531)88363008
经 销:山东省新华书店
印 刷:山东华鑫天成印刷有限公司
规 格:720 毫米×1000 毫米 1/16
10 印张 150 千字
版 次:2017 年 12 月第 1 版
印 次:2017 年 12 月第 1 次印刷
定 价:35.00 元